dtv

D1870022

Hannelore Schlaffer

Die Tante – der Begriff ruft die unterschiedlichsten Assoziationen hervor. Dementsprechend existiert die Tante in einer Vielzahl von Spielarten: als flotte und aufgeschlossene Variante zur hausbackenen Mutter, als ältlicher Blaustrumpf mit dem lästigen Anspruch auf Besuche, als hochgeschätzte Erbtante mit sagenhaftem Reichtum. Die Tante ist „die andere Frau“ in der Familie, sie bietet Verständnis und Zuflucht, ist eine Verbündete im Konflikt der Generationen oder aber die respektheischende Autorität aus einer fremden Welt. Eine ganz besondere Beziehung zu ihren Tanten hatten u. a. Jean-Jacques Rousseau, Theodor W. Adorno, Simone de Beauvoir und John Lennon. Und was wäre die Literatur ohne Friedrich Torbergs lebenskluge Tante Jolesch, Tom Sawyers resolute Tante Polly, Laura Cardellas moderne Tante Vannina oder gar Charleys „Tante“? Leibhaftig oder literarisch: Eva Kreissl nimmt die oft vernachlässigte Verwandte humorvoll oder auch ganz ernsthaft in den Blick und setzt ihr damit ein Denkmal. Denn die Tante ist ein im Aussterben begriffenes Phänomen: als Gattung durch die zunehmende Tendenz zur Ein-Kind-Familie ebenso wie als Begriff, denn welches Kind nennt die Kindergärtnerin noch „Tante“, und wer würde heutzutage einem Flugzeug den liebevollen Namen „Tante Ju“ geben?

Eva Kreissl, geboren 1958 in Immerath/Rheinland, studierte in Freiburg i. Br. und Wien Volkskunde und Kunstgeschichte und lebt seit 1978 in Österreich. Nach Beendigung des Studiums war sie Lehrbeauftragte an den Universitäten Tübingen und Wien. Sie arbeitete an großen Ausstellungsprojekten mit; 1993/94 konzipierte und gestaltete sie das Karl-Heinrich-Waggerl-Museum in Wagrain.

Eva Kreissl

Die Tante

Eine Frau mit Eigenschaften
Untersuchung eines Phänomens

Deutscher Taschenbuch Verlag

Oktober 1999
Deutscher Taschenbuch Verlag GmbH & Co. KG, München
© 1996 Wiener Frauenverlag (1997 MILENA Verlag)
Umschlagkonzept: Balk & Brumshagen
Umschlaggestaltung unter Verwendung des Gemäldes ›The Sisters Joan and Marjory‹ von Sir John Lavery (© The Artist's estate/Foto: Christie's Images Ltd., London 1999)
Satz: TextDesign GesmbH, Klagenfurt/Celovec;
technische Beratung: Peter Wieser
Druck und Bindung: C. H. Beck'sche Buchdruckerei, Nördlingen
Gedruckt auf säurefreiem, chlorfrei gebleichtem Papier
Printed in Germany · ISBN 3-423-30739-0

Für Jette Viethen

INHALT

ZUR EINFÜHRUNG

Vielleicht gab es Zeiten mit Tanten und Zeiten ohne Tanten? Man fragte nichts, man wußte nicht so richtig, was man hätte fragen sollen, man hatte wohl ein wenig Angst vor der Antwort, die man bekommen hätte, wenn man auf den Einfall gekommen wäre, etwas zu fragen. Man stellte keine Frage. Man wartete, daß der Zufall die Tante zurückkommen ließ oder, wenn nicht diese Tante, die andere Tante, im Grunde war es einem ziemlich wurscht, welche der beiden Tanten es war, und es war einem sogar wurscht, ob es überhaupt Tanten gab oder ob es keine gab.

Georges Perec

Wichtig an Tanten ist, daß sie nicht wichtig sind.

Und auch das stimmt nicht immer. Denn natürlich gibt es Tanten, die wichtig sind. Solche, die ganz massiv in das Leben einer Familie eingreifen können, Erbtanten zum Beispiel. Ihnen muß jahrzehntelang schöngetan werden. Man muß ihnen eben beerbungswürdig erscheinen, auch wenn sie selbst bösartig, besserwisserisch oder zänkisch sind. Für sie wird eine Familienkomödie inszeniert, die von rechter Ordnung, Eifer und Zuneigung handelt. (Und am Schluß stellt sich dann heraus, daß die Tante das ganze schöne Geld doch dem Tierschutzverein vermacht hat.) Wichtig können Tanten auch durch endlose Ferienwochen werden, die man bei ihnen verbringt, oder wenn sie elternlosen Kindern das Zuhause ersetzen.

Das sind Funktionen, die Tanten wichtig machen können. Die Bedeutung aber, die eine Tante für die Familie ihrer Schwester oder ihres Bruders, für ihre Nichten und Neffen hat, erklärt sich zunächst schlechthin vor dem Hintergrund, daß sie eigentlich nicht wichtig ist für jene. Jedenfalls nicht so wichtig, wie Vater, Mutter, Geschwister offensichtlich füreinander sind.

Nicht wichtig heißt weder bedeutungslos noch von geringer Bedeutung. Nicht wichtig zu sein meint hier, eine nicht auffällige Position einnehmen, eine, deren Sinn sich dem Augenschein entzieht. Eine Tante, die keine wesentlichen Funktionen für ihre Verwandten hat, entfaltet ihre Bedeutung erst deshalb, weil sie aus dem Abseits wirkt.

Es ist mit der Tante wie mit den Obertönen. Deren Schwingungen beachtet man gar nicht, denkt nicht daran, ja, man kann sie kaum vernehmen, und doch machen sie den hörbaren Klang eines Tons aus. Für den reinen Ton sind die Obertöne unerheblich, doch läßt sich erst durch sie die Herkunft eines Klanges identifizieren, ob er etwa einer Geige oder einer Klarinette entstammt. Damit bestimmen sie aber auch die Farbe eines Klanges und tragen nicht unwesentlich dazu bei, ob man eine Melodie versteht oder schön findet.

Wenn ich sage, daß an der Tante wichtig ist, daß sie nicht wichtig ist, und dazu einen Vergleich aus der Klanglehre heranziehe, steht dahinter zweierlei: zum einen die Behauptung, daß randständige Ereignisse und Akteure/Akteurinnen, jedenfalls solche, die ohne wichtige Funktion für zentrale Konstellationen, Entwicklungen oder Ereignisse sind, diese jedoch wesentlich beeinflussen, bestimmen oder gar steuern können. Das ist der funktionale Aspekt. Für die semantische Ebene – das ist in unserem Bild die Farbe eines Klanges – ist es von Belang, wie dieser Einfluß stattfindet und daß er nur deshalb wirkt, weil er unauffällig ausgeübt wird.

Bereits bei Georg Simmel und später bei Alfred Schütz oder Robert E. Park weisen die Entwürfe des Fremden oder der marginalen Person das gleiche Muster auf. Bei ihnen ging es um Händler, Juden, Immigranten, die als Außenstehende ganz wesentlich die Gesellschaft prägten, an deren Produktion von aktuellem und zentralem Tagesgeschehen sie kaum beteiligt waren. Diesem Wechsel der Perspektive auf die Randfiguren eines Geschehens möchte ich folgen und ihn auf das System von Familie und Verwandtschaft übertragen.

Ich frage also zunächst danach, welche Funktionen eine Tante für zentrale individuelle und familiäre Prozesse wie die Ausbildung von Identität oder den Ablauf familiärer Konflikte haben kann. Dabei wende ich meinen Blick vor allem auf die Art und Weise, wie die Tante ihren Einfluß ausübt, um mich der Bedeutung, die sie für ihre Nichten und Neffen hat, nähern zu können.

So gesehen ist die Tante als ein Konzept aufzufassen, ein Konzept, das in unterschiedlichen Konstellationen zum Tragen kommt. Es hat zwei Voraussetzungen: Es ist weiblich, und es gründet auf Verwandtschaft mit einer älteren Generation.

Es ist weiblich, aber nicht typisch weiblich in dem Sinne, daß nur Frauen sich so verhalten und ein solches Konzept verkörpern können. Ebensogut hätte ich mich Onkeln und

Vettern widmen können, wenn ich mich für die Statisten des Familienlebens interessiere. Dann wären die Bedingungen des Konzepts andere, dann verliefen seine Muster anders, und man müßte andere Fragen stellen. Ein wichtiger Aspekt bei der Betrachtung der Tante ist beispielsweise der Vergleich mit der Mutter. Beim Vetter drängt sich dieser Vergleich weniger auf – aber sicherlich irgendein anderes Phänomen. Als ein weibliches Konzept geht es bei der Tante darum, was Frauen an unauffälliger Stelle weitergeben. Es fragt nach den Mitteln und Wegen der Tradierung weiblicher Aufgaben und Ansprüche.

Zweitens ist es ein verwandtschaftliches Konzept. Im wissenschaftlichen Zusammenhang geschieht etwas Eigentümliches mit der Verwandtschaft: Nur wenn der Begriff im übertragenen Sinne gebraucht wird – wie bei verwandten Einstellungen oder verwandten Fachgebieten – wird Verwandtschaft unter dem Aspekt der Ähnlichkeit gesehen oder das Phänomen angesprochen, daß zwei Dinge oder Denkweisen einem gemeinsamen Ursprung abstammen, sich jedoch unterschiedlich entwickelt haben. In der Alltagssprache aber ist dies eine gängige Auffassung von Verwandtschaft. Man forscht nach der Ähnlichkeit des Nachwuchses mit Verwandten aus der zweiten, dritten oder einer noch älteren Generation. Man vergleicht die äußere Erscheinung oder Wesenszüge zweier verwandter Menschen und erklärt bestimmte Verhaltensweisen mit ihrer Gemeinsamkeit.

Als wissenschaftliche Kategorie ist diese Dimension der Bedeutung von Verwandtschaft rar. Zwar wird von der Tragfähigkeit der Verwandtschaft in der modernen Gesellschaft als einem Netz gesprochen, an das staatliche Versorgungsleistungen (wieder) abgegeben werden könnten. Dann wird nach der Häufigkeit des sozialen Kontakts oder der gegenseitigen Hilfeleistung gefragt. Oder Verwandtschaft wird als Regelinstanz des materiellen Erbes betrachtet, eine Funktion, auf die sich dann alle Riten, Gebräuche und Sanktionen bis hin zum Inzestverbot beziehen. Neben alldem hat Verwandtschaft aber auch eine habituelle Dimension, die sich aus der schlichten Tatsache ableitet, denselben biologischen Ursprung zu haben, und die unabhängig davon existiert, wie oft man einander sieht oder hilft, ob man den inzestuösen Umgang miteinander pflegt oder vermeidet, oder davon, wie man ererbte Güter untereinander teilt.

Verwandtschaft als Habitus ist geprägt von unterschwelligen Vorstellungen über die Folgen des gemeinsamen Ursprungs, über Schlüsse aus nicht deutlich fixierbaren Ähnlichkeiten und Programmen, sicheren Gefühls analoge oder eben ganz andere Wege einzuschlagen. Diese Vorstellungen, aber auch Gefühle wie Vertrautheit oder das, von irgendwoher zu stammen und irgendwohin zu gehören, sind so unwägbar, daß sie sich einer exakten Bestimmung entziehen.

Doch ist alles rationale Handeln von nicht expliziertem Wissen, von Ahnungen und Empfindungen unterlegt. Sie beeinflussen – wie stark auch immer – jegliches Tun und jede vernünftige Einstellung. Verwandtschaft als Habitus kann nur in ihren groben Zügen verstanden werden, und man muß sich vor dem Versuch hüten, sie wie Kalküle oder Strategien zu betrachten. Das Habituelle gehört zu jenen

Bereichen, in denen „ungetrübte Klarheit unser Verstehen komplexer Sachverhalte zunichte machen kann."[1] Man muß ihm seine eigene Logik zugestehen, wie etwa einer Kinderzeichnung, deren Sinn nie gänzlich zu enträtseln ist und sich uns verschließt, wenn wir darauf beharren, daß Bäume grün sein müssen und Erwachsene größer als Kinder.

Über die Grenzen der Empathie hinweg, also dem Sich-Einlassen auf das, was letztlich unergründlich ist, gelingt das Verstehen eines Habitus und der Vorstellungen, die ihm zugrunde liegen, nicht. Ebenso läßt sich ihr gesellschaftlicher Anteil nicht von ihrem individuellen präzise trennen. So sind Weiblichkeit und Verwandtschaft zwar universelle Merkmale der Tante, doch welche Vorstellungen sich daran knüpfen, ist abhängig von der jeweiligen Gesellschaft, in der sie sich entwickeln.

Die Figur der Tante ist eine so weitläufige Erscheinung, daß wir ihr nicht in allen Formen ihres Auftretens nachgehen können. In nicht-industriellen, nicht-westlichen Gesellschaften gibt es immer eine Bezeichnung für sie, die sich zwar nicht überall von der für die Mutter unterscheidet, jedoch immer von der für nicht verwandte Frauen.[2] Höchst selten aber übernimmt die Tante – und auch dann nur recht peripher – eine Funktion im rituellen Leben eines Volkes. Es liegt also nahe, daß dem habituellen Aspekt der Verwandtschaft mit der Tante besondere Bedeutung zukommt.

Welche das sein mag, erlaubt uns der Stand des Wissens über die Vorstellung weiblicher Verwandtschaft in diesen Gesellschaften bisher nicht zu beurteilen. Daher müssen wir uns auf historische und geographische Gefilde beschränken, die wir aufgrund unserer eigenen heutigen Vorstellungen nachvollziehen können bzw. über die es ausreichendes Quellenmaterial gibt.

Meine Betrachtungen reichen bis zur Zeit der Aufklärung zurück, deren Menschen, wie Fernand Braudel sagt, in ihren Ideen und Vorstellungen unsere Zeitgenossen sind,[3] und sie überschreiten nicht die Grenzen unserer westlichen Zivilisation. Selbst innerhalb dieses Horizonts verdient die Vielschichtigkeit des Themas andere Untersuchungsverfahren als die Verfolgung einer historisch chronologischen Entwicklung oder einer sozialen Differenzierung in Form von Klassen oder Schichten. Dabei erführe man lediglich, daß verwandtschaftliche Beziehungen heute schwerer zu pflegen sind als früher oder daß sich die ökonomischen wie psychischen Lebenschancen unverheirateter Frauen gewandelt haben und sie, weil sie selbständig leben, seltener als Familienanhängsel auftauchen.

Für die Bedeutung der Tante ist viel wichtiger, ob sie jung und hübsch oder alt und würdig ist, ob sie jeden Tag erreichbar ist oder zu spektakulären Besuchen erscheint, ob sie in ihrem Haus erlebt wird oder in welchem Alter Nichten und Neffen die Tante als wichtige Person wahrnehmen. Wann immer die Tante eine Rolle zu spielen beginnt, hängt deren Bedeutung davon ab, wie sie sie spielt und welche Requisiten sie dazu heranzieht.

Es ist ein Prozeß der Gerinnung, die Bedeutung von Erscheinungen des alltäglichen Lebens abseits seines steten Flusses zu erkennen. Auch Milch muß eine Weile stehen, bis der Rahm sich auf ihr absetzt (im rechten Moment muß jemand kommen und den Rahm so lange schlagen, bis Schlagobers daraus wird). Welcher normale Mensch fragt sich schon, was ihm seine Tante bedeutet? Wie man sich in aller Regel über den Fleischhauer ums Eck, über die Art, sich die Zähne zu putzen oder die Ansage der Stationen in der Straßenbahn keine Gedanken macht, verfällt man auch kaum auf die Idee, sich über seine Tante den Kopf zu zerbrechen. Die Tante ist eine geläufige, alltägliche Erscheinung und so selbstverständlich, daß man bestenfalls dann Überlegungen zu ihrer Person anstellt, wenn es gilt, ein Geschenk für ihren Geburtstag auszuwählen.

Amüsant ist die Vorstellung, eine x-beliebige Anzahl und Auswahl von PassantInnen auf der Straße zu befragen: „Entschuldigen Sie bitte, ich hätte eine Frage. Welche Bedeutung hat Ihre Tante für Sie?“ Der Genuß wäre sicher nicht gering, mit dieser Frage immer wieder das gleiche Stirnrunzeln hervorzuzaubern und regelmäßig die Gegenfrage mit jenem entschuldigenden Klang „Wie bitte?“ zu ernten, als hätten die Gefragten nicht recht verstanden. Das ist unterhaltsam, führt aber zu nichts. Selbst wenn man die PassantInnen geschickter, also nach Fakten und nicht nach Interpretationen fragte, etwa in der Weise, wie häufig der Kontakt zur Tante stattfinde, an welchem Ort und in welcher Art, ob die Tante verheiratet sei oder Kinder habe usw., wäre das weniger komisch, brächte nur statistische Daten, aber wenig Information über die Bedeutung, die die Tante für diesen Menschen hat.

Es ist anzunehmen, daß sich die Gruppe der Befragten in zwei Lager spalten würde. In dem einen würde das Stirnrunzeln in ein bedauerndes Kopfschütteln übergehen, weil Tanten im Leben des oder der Befragten keinerlei Funktionen eingenommen hätten. Im anderen Lager würde spontan oder nach Überwindung der befragungsüblichen Hemmschwellen ein kaskadenartiger Redefluß ausgelöst werden über bitterböse, glückhafte oder einfach nur in Erinnerung gebliebene Erlebnisse mit Tanten. Von paradiesischen Ferien, bösen Familienintrigen, geschrubbten Fingernägeln oder gigantischen Schokoladetafeln, Gerüchen, Klängen und Manieren wäre dann die Rede, von klugen Sprüchen der Tante, ihren Maßregelungen oder von ihrem feinen Lebensstil.

Jede Menge Geschichten würden der Fragenden entgegengebracht werden in der Art wie Gilbert Ryle[4] sie „dünne Beschreibungen" nennt. Denn so emphatisch sie sich entladen, fehlt ihnen zweierlei: die Distanz und das Ende der Geschichte. Die Distanz, die eine gewisse Gelassenheit der Beschreibung erwachsen läßt, kann durch die vergangene Zeit entstehen. Doch eine „dichte Beschreibung"[5] muß eine Begebenheit nicht nur interpretieren, sondern sie der Vergänglichkeit entreißen und damit der Subjektivität und dem alltäglichen Fluß, dem sie entspringt. Das ist die Aufgabe einer dritten Person. Doch auch diese muß das Ende der Geschichte kennen, um sie deuten zu können.

Die Geschichten von der Tante sind Geschichten einer Beziehung. Sie enden dann, wenn sich diese Beziehung nicht mehr weiterentwickeln kann und wenn ihre Folgen erschöpft sind. Nur die Involvierten selbst können das Geflecht benennen, das Tante und Nichte oder Neffe umeinander spinnen. Die größtmögliche Distanz ist erreicht, wenn die Jüngeren ihr Leben so weit gelebt haben, daß sie Bilanz ziehen. Die Tante ist zu diesem Zeitpunkt in der Regel längst gestorben. Wird ihrer im Resümee eines Lebens gedacht, wie es – mit der großen Distanz und der Vergänglichkeit des Augenblicks entzogen – in Autobiographien geschieht, ist dies das letzte Kapitel der Geschichte jener Beziehung. Dort erhält sie eine Stellung, die weniger der Rolle oder Funktion entspricht, die sie im Leben von Nichte oder Neffe gespielt hatte, als der Bedeutung, die sie für sie trägt.

In den Autobiographien begegnen wir auch der Tante wieder, der das Kopfschütteln der überraschend angesprochenen PassantInnen auf der Straße galt, weil sie im erwachsenen Alter vergessen worden ist, weil das Alltagsleben sie verschluckt hat oder vielleicht weil sie schon seit Jahren in Amerika lebt. Aber einmal war sie doch dagewesen, vor langer Zeit, und hatte vielleicht das Fahrrad spendiert, mit dem man dann endlich in der Klasse bewundert worden war. Oder sie war die erste, wenngleich unbekannte Person, der man einen Brief geschrieben hatte.

Die Erinnerung beim Verfassen der Autobiographie als dem Versuch, ein gelebtes Leben vor der Vergänglichkeit zu retten, schwemmt die Bedeutung der Tante wieder an die Oberfläche. Das Erkennen oder Wiederentdecken einer einst aktuellen Bedeutung am Ende einer persönlichen Geschichte rekonstruiert nicht allein ihren Sinn, sondern wertet sie als eine wichtige. Und die anderen Tanten (die, über die es aus dem Stand einen Schwall von Geschichten zu erzählen gab), sie finden vielleicht gerade noch Erwähnung als Unikum, Tyrannin oder guter Geist, deren Hauptmerkmal ihre Anwesenheit war. Ihnen mag es gerade umgekehrt ergehen, weil die Bedeutung, die sie hatten, weit hinter ihren alltäglichen Funktionen verschwindet.

Die Bedeutung, die andere Menschen, Dinge und Ereignisse für uns haben, geben wir ihnen unabhängig von der Funktion, die sie für uns besitzen. Denn sie beruhen allein auf der Wahrnehmung, während Funktionen auch dann existieren, wenn wir sie nicht einmal bemerken. Bedeutungen sind Konstruktionen, von denen uns ein gewisses Repertoire selbstverständlich zur Verfügung steht, so daß uns im alltäglichen Leben nicht mehr auffällt, daß unser Umgang mit Zeichen ein erlerntes System verabredeter Bedeutungen ist. Jenseits unseres Alltagsrepertoires, den Trampelpfaden gesicherter Orientierung, fällt uns das Deuten schwer. Denn es wird überlagert von der funktionalistischen Auslegung unserer alltäglichen Geschäfte. Erst wenn die Routine nicht mehr so funktioniert, wie sie soll, oder wenn die Dinge nicht mehr zu funktionieren brauchen, weil ihr Ende absehbar ist, tritt eine gewisse Besinnlichkeit im Umgang mit der Bedeutung auf.

Eine Autobiographie ist nicht der „authentische" Extrakt eines Lebens. Sie dient der Selbstdarstellung, Rechtfertigung, Sinngebung. Auch wenn in ihr Begebenheiten anders dargestellt werden, als es etwa zur Zeit ihres realen Geschehens passiert wäre, oder wenn diese Begebenheiten von anderen Menschen ganz anders geschildert werden, sind autobiographische Beschreibungen deshalb nicht falsch oder unwahr. Sie sind als Schlußbetrachtung ein Zeugnis radikaler Subjektivität, die ihrem Gegenstand, dem Leben der AutorInnen, abschließend einen Sinn geben. Wie eine Reihe von Bildern, deren Abfolge einen bestimmten Sinn nahelegt, dennoch von jedem Betrachter, der die Geschichte dazu erzählen würde, anders interpretiert wird, so daß dieselben Bilder zu ganz anderen Geschichten anregen würden, macht auch erst der Rückblick (in welcher Form und von wem auch immer angestellt) aus der erlebten Zeit ein „Leben“. So gesehen kann eine Autobiographie gleichzeitig als „wahr“ und „falsch“ beurteilt werden. Sie ist immer wahr und in ihrer Konstruiertheit immer fiktional. Auf der Ebene der Konstruktion werden Bedeutungen erst sichtbar. Deshalb habe ich die Tante nicht bei PassantInnen auf der Straße oder in langen Interviews aufzuspüren versucht, sondern mich auf die Suche nach ihr in Autobiographien und Lebensberichten aus dem frühen 18. Jahrhundert bis in die heutige Zeit begeben.

Da Autobiographien auf das eigene Leben gerichtet sind, ist ihr gesellschaftlicher Anteil immer nur ein Flimmern im Hintergrund. In den fiktionalen Texten hingegen taucht die Tante als ein Extrakt allgemeiner Bedeutung auf. In der literarischen Figur, im Typus, kristallisieren sich individuelle Erfahrungen und Zuschreibungen. Es gibt wohl nur zwei Gründe, eine literarische Figur mit einer Tante zu besetzen. Entweder es geschieht einfach so, unwillkürlich und unbewußt, oder diese Figur soll eine verwandte Frau aus einer älteren Generation verkörpern.

In dem einen Fall sind die Merkmale einer literarischen Tantenfigur selbstverständlich, unauffällig und – wie im richtigen Leben – nicht wichtig. Die gleiche Rolle hätte auch eine Nachbarin, eine Köchin oder eine Freundin der Mutter übernehmen können. Doch sie wird eben einer Tante übertragen. Es ist die Tante Jane, die Ulrich, dem „Mann ohne Eigenschaften“ die alte Welt repräsentiert, genau wie Tom Sawyer nicht von irgendwem großgezogen wird, sondern von seiner Tante Polly, so wie es das Fest der Tanten Julia und Kate ist, nach dem James Joyce in „Die Toten" Gretta und Gabriel Conroy das Scheitern ihrer Ehe erkennen läßt. Unabhängig davon, mit wieviel Bedacht, also auch mit wieviel autobiographischem Hintergrund diese Nebenrollen mit Tanten besetzt werden, geben sie der Handlung eine Richtung, einen Akzent – aus dem Abseits heraus. Wie in der Realität können sie das in dieser Weise tun, weil ihre Existenz selbstverständlich und nicht auffallend ist. Und es mag die gleiche Unbeachtetheit sein, mit der die Figur der Tante die Handlung eines Romans beeinflußt und mit der sie gerade in dieser Rolle eingesetzt wird. Das kann man zumindest für literarische Nebenrollen so annehmen. Wenn Tanten hingegen Handlungsträgerinnen in einem Roman oder Drama sind, sind sie es wegen der gleichen Bedeutung, die ihnen im wirklichen Leben zukommt. Dann hat es nämlich seine Gründe, daß diese Figur eine Frau ist, einer älteren Generation und der Verwandtschaft angehört: Mit Hilfe der Verkleidung als „Charleys Tante" läßt Brandon Thomas seine verliebten Junggesellen vertrauenswürdig werden, und das uneingestanden inzestuöse Verhältnis zu seiner Tante Gina hat das Schicksal Fabrizios geleitet und ihn in Stendhals „Kartause von Parma" enden lassen. Balzacs „Tante Bette" schaffte es nur, die Familie ihrer Cousins ins Unglück und in den Ruin zu treiben, weil sie immer als benachteiligtes, bemitleidenswertes und nicht ganz zurechnungsfähiges Anhängsel der Familie behandelt wurde.

Natürlich sind es Stereotype, aus denen diese Tantenfiguren modelliert werden. In Lustspielen und Satiren verdichten sich die Beschreibungen zu oft recht derben, negativen Klischees der komischen Alten, Kupplerin, der ewigen alten Jungfer oder der schwerhörigen Weltfremden. Doch es fällt auf, wie wertfrei die Stereotype außerhalb dieses Genres mit der Tante umgehen. Auf welche Werte könnten sie auch rekurrieren? Die Gestalt einer Mutter etwa orientiert sich an ihren realen Funktionen für ihre Kinder, und in der fiktionalen Literatur wird die Mutterfigur mit Werten und Normen aus dieser realen Funktion konfrontiert. Doch eine Tante? Die Stereotype von ihr sind Füllstoffe, die sich aus ihrem Status ergeben, nicht aus Funktionen, denn von Natur aus hat sie in der Realität keine Funktionen. Die Bilder von ihr richten sich einzig nach den Regeln des Verwandtseins und nach generellen weiblichen Normen. Literarische Tantenfiguren sind also ebenso fiktional wie autobiographische, bzw. das „Erfundene“ an ihnen orientiert sich in beiden Fällen an den Merkmalen, die auch ihre reale Bedeutung strukturieren.

DIE BILDER VON DER TANTE

Es ist gar nicht so schwer, Tante zu werden. Zwei Menschen legen ein erfolgreiches generatives Verhalten an den Tag und verleihen damit ihren Schwestern einen neuen familiären Status. Das ist offenbar so selbstverständlich und belanglos, daß der Begriff „Tante" in den gängigen Konversationslexika nur in Ausnahmefällen überhaupt erwähnt wird. Bestenfalls als Vermeidungsfloskel für Peinliches wie Abort oder Menstruation taucht doch die Tante auf. Oder es wird an die legendäre Tante Ju erinnert: 18,90 m lang, 1.300 km Reichweite, 760 PS pro Neunzylinder Sternmotor – ein plumpes, aber leistungsstarkes Verkehrsflugzeug, Erstflug 1931.

Käme morgen der oft bemühte Bewohner eines anderen Planeten (also ein garantiert vorurteilsfreies Kunstwesen) in mein Arbeitszimmer geflogen und entdeckte dort all die Bücher und Texte, in denen von Tanten die Rede ist, erführe er zwar auch nicht unbedingt, was eine Tante ist, doch er würde, weil sie so oft dort vorkommt, sicherlich spontan mehr Überlegungen dazu anstellen, als man es bei Meyer und Brockhaus getan hat.

Freilich stellt mein Bücherregal eine sehr spezifische Selektion vor. Dort reiht sich Tante Julie neben Tante Jettchen, Tante Bette neben die Tante Jolesch, neben Tante Hedwig, Tante Thea, Tante Mila, Tante Maritschel …

Selbst ich finde diese Aufzählung immer noch ein bißchen komisch. Dem Marsmenschen ginge das sicherlich nicht so, und er würde fragen: Warum eigentlich schmunzelt ihr Menschen über eure Tanten? Was es bei Tanten eigentlich zu lachen – oder zu lächeln – gibt, dem möchte ich zunächst auch hier nachgehen.

Die persönlichen Erfahrungen mit Tanten, wie sie sich in den Autobiographien niederschlagen, die ich zu diesem Thema gesammelt habe, sind eine bunte und äußerst differente Mischung von Erinnerungen an sehr unterschiedliche Frauen. Zum überwiegenden Teil berichten sie von starken emotionalen Beziehungen zu besonders warmherzigen, erfolgreichen oder bewunderten Frauen, deren persönliche und gesellschaftliche Merkmale positiv gewertet werden und die in jeder Hinsicht unauffällig sind. Viel zum Lachen gibt's da nicht.

Im allgemeinen gesteht man zu, daß bei der Bildung von Generalisierungen persönliche Erfahrungen letztlich doch immer mitschwingen. Das hieße also, daß Assoziationen an konkrete Frauen aus der eigenen Verwandtschaft nie völlig ausgeblendet werden, wenn man von der Tante spricht. Dem ist aber nicht so. Auf dem Weg zur Verallgemeinerung des Begriffs wird die Tante deviant, fällt in ein negatives Klischee oder scheint zumindest nicht mehr ganz ernst genommen werden zu können.

Entweder ist sie alt, altmodisch und altjüngferlich, wird von einem körperlichen Gebrechen oder sonstigen Zipperlein geplagt, mischt sich in alles ein, kann aber selbst nur gestört werden, ist sehr, sehr dick oder sehr, sehr dünn, beschäftigt sich hingebungsvoll mit einer nichtsnutzen Tätigkeit, und alles atmet auf, sobald sie die Tür hinter sich schließt.

Es gibt sie aber auch als kleine, dickliche Naschkatze,

die ihren Neffen feuchte Küsse auf die Wange schmatzt, dafür aber auch immer Süßes in der nicht von ihr wegzudenkenden Handtasche hat, die sich zu eng und zu jugendlich kleidet, wohlsituierten Herren kokette Blicke zuwirft und sich deren Avancen sicher fühlt; sie schwingt sich zur Kolporteurin von Familiengeheimnissen auf (unter vier Augen, versteht sich), und letztlich weiß niemand, wozu sie eigentlich da ist.

Oft auch tritt sie nur im Plural auf, wenn zu Festlichkeiten die Flottille der Tanten einläuft, die mit geheimem Seufzen und zur Decke gerichtetem Blick empfangen wird und deren Individualität längst im aufeinander verwiesenen System der vielen Jahre des gemeinsamen Auftritts aufgegangen ist.

Gelegentlich taucht die Tante auch als guter Geist auf, der immer dann vom Himmel fällt, wenn gerade alle Stricke gerissen sind, und dann schrubbt sie und putzt und pflegt und heilt und paßt auf, ist eben einfach da – und dann wieder weg.

Das Stereotyp läßt sich mit Details ausschmücken wie die Wohnung einer Tante mit Deckchen und Nippes. Es variiert von gutmütig bis bösartig, von schrullig bis verschlagen. Was es nicht enthält, ist der Normalfall einer Tante: eine Frau, etwa im Alter der jeweils älteren Generation mit Mann, Kindern, Haus, Hund, Steuernummer und Führerschein. Anders gesagt: Die Vorstellung von einer durchschnittlichen Frau ist mit dem Stereotyp einer Tante nicht vereinbar. Warum ist das so?

Es gibt doch in der Tat Frauen, die (fast) so sind, wie ich sie eben zu überzeichnen versucht habe. Oft sind sie sogar auch Tanten. Aber auf jeden Fall sind sie nicht deshalb Tanten, weil sie so eigenartig sind. Oder doch?

Das würde bedeuten, daß sie zum einen selbst keine Kinder haben und – um es so diskriminierend zu formulieren, wie es der Alltagsgebrauch diktiert: Weil diese Frauen so schrullig sind, haben sie nicht einmal einen Mann abbekommen. Deshalb sind sie darauf angewiesen, Familiarität über die Familien ihrer Geschwister herzustellen. Und als Kompensation für das Abweichen von der Normalbiographie kultivieren sie auch noch ihre Schrulligkeit, denn „Stereotypen bieten Identifikationsmöglichkeiten an, über die neue Realbezüge entstehen können“[6]. Tantesein und Kinderlosigkeit werden dabei in unzulässiger Weise gleichgesetzt. Genau so aber verfährt das Klischee von der tantenhaften Tante. Es mag sich zwar die eine oder andere Frau mit der Ausweichrolle der Tante identifizieren, jedoch ist die eben geschilderte Verallgemeinerung zunächst ein Heterostereotyp, also eine Fremdzuschreibung.

Das Besondere daran ist, daß hier eine kindliche Wahrnehmung zum Maßstab einer allgemein vorherrschenden Stereotypbildung wird, die von Erwachsenen beibehalten wird. Kinder können sich nicht in die Situation anderer versetzen, wenn deren Lebensumstände gänzlich verschieden von ihren eigenen sind, die sie nachvollziehen können. Nachvollziehbar und normal sind einem Kind Lebensumstände, die den eigenen gleichen, und Personen, deren Rollenverhalten ihm durch seine Eltern vertraut ist. Doch es hat sich eine Sitte herausgebildet, Kinder dazu anzuhalten, Frauen „Tante“ zu nennen, sobald es einen – wie auch immer gearteten – engeren Bezug zu ihnen gibt. In den letzten Jahren löst sich diese Sitte auf. (Ebenso werden mittlerweile nicht mehr alle Frauen „Oma“ genannt, wenn dieser Bezug alleine über das Alter einer sonst vielleicht völlig unbekannten Frau hergestellt wird.) Eine Frau, die Kinder hat und deren Lebensbedingungen denen der Mutter ähneln, kann ein Kind für sich über Inhalte definieren, die sich an seine eigene Lebenspraxis anlehnen. Solche Frauen müssen nicht reduziert werden auf ihr Tantesein, denn sie entsprechen dem vertrauten und als normal empfundenen Frauenbild und bedürfen daher keiner eigenen Definition. Alle anderen Frauen, deren Lebensumstände für ein Kind nicht nachvollziehbar sind, kann es über jenen Status definieren, den man es „Tante“ zu nennen gelehrt hat. Dadurch wird ausgerechnet die Ausnahme, eben die kinderlose Tante, zum Prototyp einer Verallgemeinerung. Die Bezeichnung „Tante“ bedeutet dann: „Die, die anders ist“. Damit entfremdet dieser kinderlose und von Kindern nicht hinterfragbar eigenartige Typ einer Tante als pars pro toto gleich ihren ganzen „Stand“. Die möglichen Schrullen einiger weniger werden zum Merkmal aller gemacht. Das Lächeln über die Tanten gilt also gar nicht ihnen selbst, sondern es sanktioniert weibliche Normabweichung. Das kann der Marsmensch ja nicht ahnen.

Stereotype beschreiben Menschen oder Zustände, die gar nicht oder nur von außen gekannt werden. Eine solche Position nehmen verwandte Tanten in der Regel ein. Man kennt sie so gut, daß man sich ein Bild von ihnen machen kann, doch es bleibt – vor allem in den Augen der Kinder – meistens bei einer äußerlichen Betrachtung. Weil die Tante immer schon da war, muß eine Auseinandersetzung wie mit einer Person, die man erst kennenlernt, nicht stattfinden.

Dennoch kann man glauben, sie zu kennen. Die Unauffälligkeit und Marginalität ihrer Stellung ermöglicht die Abkoppelung des Klischees von den realen Erfahrungen: Man kann gleichzeitig das Klischee von der schrulligen alten Tante verstehen und benutzen sowie Kontakte zu ganz anderen, eben durchschnittlichen Frauen pflegen, die die realen eigenen Tanten sind.

Stereotype dienen auch der Bekämpfung von Furcht und der Sicherung des eigenen Standpunkts. Mit dem Stereotyp „Tante" wird eine Form weiblichen Verhaltens gekennzeichnet, die auf dem Umweg der Fürsorglichkeit für andere wieder zu Respektabilität führt. Die Überzeichnung des Typs suggeriert aber auch, daß es sich dabei eigentlich um ein Versagen handelt – und nicht etwa um eine andere Lebensform, die die eigene in Frage stellen könnte.

Die Furcht vor Bedrohung, die durch das Klischee zum Ausdruck kommt, hat auch sehr handfeste Wurzeln. Früher waren die unverheirateten Tanten diejenigen, die der Familie auf der Tasche lagen, es sei denn, sie waren Erbin eines existenzsichernden Vermögens. In diesem Falle konnten sie sich Achtung durch ein zu erwartendes Erbe verschaffen. Als Bild ist die Erbtante klassischer Inbegriff eines Objekts opportunistischer Zuneigung – die sie dann oft genug enttäuscht, da sie den instrumentellen Charakter dieser Zuneigung doch durchschaut hat. Als unterstütztes Familienanhängsel jedoch hatten Tanten im Gegenzug kontinuierliche oder bedarfsorientierte Fürsorglichkeit zu entwickeln, die auch ihrer eigenen psychischen Entlastung diente, doch vor allem den Ansprüchen der Geschwisterfamilie, die sie ernährte.

In dem Maße, in dem weibliche Berufsarbeit gesellschaftlich anerkannt und selbstverständlich wurde, fiel die materielle Bedrohlichkeit durch eine unverheiratete Tante fort. Sie selbst war nicht mehr angewiesen auf die Zuwendungen ihrer Geschwister. Ihr Bedürfnis nach familiärer Zuneigung aber blieb weiterhin auf deren Familie gerichtet.

Dort vertrat sie als genuin altmodisches Wesen das Bild einer alten Zeit, die, weil sie alt war, auch meist mit „gut" gleichgesetzt wurde. Denn zum einen impliziert der Begriff „Tante" immer einen Generationensprung. Wer jemanden „Tante" nennen kann, weiß sich dadurch immer ein wenig näher am Zeitgeist als die so Bezeichnete. Zum anderen haben solche Tanten möglicherweise aufgrund ihrer Nichtinvolviertheit in die Progressivität des Familiengeschehens und durch die Ferne von der generativen Reproduktion ihren Hang zum Altmodischen und zur Prüderie tatsächlich kultiviert:

… wenn etwa um ein neues Band
à la tarare zu erlangen,
die Nichte eure dünne Hand
und eure abgeblühten Wangen
– so fruchtlos oft die Müh' auch ist –
in einem Athem zehnmal küßt,
ihr sollt nicht mehr die armen Nichten quälen;
denn frey und laut will ichs erzählen,
warum ihr feind den Moden seid.
Der Moden Pflegerinn sind Lieb' und Eitelkeit.
Auch ihr habt diesen einst in eurer Blütenzeit,
– gesteht es nur, ihr lieben Tanten! –

die Perlenschnuren, Brüßler Kanten
und reichen Blumenstat geweiht ...[7]

So wird das Bild der altmodischen Tante im „Journal des Luxus und der Moden" 1788 noch liebevoll bespöttelt, als sie eine allenthalben bekannte und übliche Erscheinung war.

1910 wird ihr bereits nachgetrauert:

[...] Es ist schon so: erst hab ich mich geärgert über die dumme Anzeige: „Tante gesucht!" Dann hab' ich gelacht. Aber wenn ich's recht überlege: ich wünschte so manchem Hause, in dem ich aus und ein gehe, solch eine liebe Tante, wie wir sie hatten: einen guten Hausgeist, der sich anspruchslos einfügt, der keine Selbstsucht kennt, aber unendlich viel Selbstzucht besitzt, der immer hilfsbereit ist ... einen Menschen, dessen Treue, dessen Güte und Liebe kein Milliardär zu bezahlen ermöchte. Wenn unser eines Tantchen ihre Porzellandöschen mit den selbstgekochten Heilsalben hervorkramte, oder wenn das andere Tantchen beim Frühstück erzählte, es hätte nachts gar so unheimlich „geklopft", lachte wohl mein Vater und sagte, derb wie man damals war: „Unbezahlbar seid Ihr alten Schrauben!" Er wußte gar nicht, wie recht er hatte: unbezahlbar waren unsere lieben Tanten![8]

Ganz liebevoll wird hier „das Tantchen" zum kindlichen, geschlechtsneutralen Geschöpf erklärt, dessen Qualitäten vermißt werden, ohne daß danach gefragt würde, wie die Tanten sie erworben haben. Als Verkörperung einer Lebensform, die dem Autor auszusterben droht, vermittelt die Tante ihm Geschichtlichkeit. Nach ihrer eigenen Geschichte fragt er nicht. Sie ist zu einer Gestalt geworden. Als Person war sie einfach nur da, und zwar für andere – mit ihrer Fürsorglichkeit und Treue oder ihrer ergötzlichen Schrulligkeit.

Seltener mit so freundlichem, eher mit bissig-bösem Spott wurde das Bild der Tante bis in die Zwischenkriegszeit hinein gezeichnet. Zahlreiche Schwänke, Possen und Lustspiele widmen sich dem Typ der schrulligen, kinderlosen Frau.[9] Auch heute findet man gelegentlich noch diesen altmodischen und verständnislosen Schrecken eines jeden Kinderzimmers. Doch wird er nicht mehr mit Genuß karikiert, sondern schlicht beschrieben als ein defizitäres Relikt vergangener Zeiten.

Mit dem Verschwinden der Karikatur taucht in der Literatur ein neuer Tantentypus auf: die junge, flotte, meist sehr hübsche, berufstätige Frau, die sich vor Verehrern kaum mehr retten kann und durch die Neffen und Nichten einen ersten Einblick in das Beziehungsleben der Erwachsenen gewinnen. Dieser Typ hat, obwohl er in der Realität oft genug vorkommt, an dem allgemeinen Stereotyp der kinderlosen Tante nicht viel geändert. Allein die Tatsache aber, daß er in Romanen plötzlich auftaucht, zeigt, daß sich die gesellschaftlich normierten Erwartungen an Frauen gewandelt oder zumindest gelockert haben. Mit 30 Jahren unverheiratet und kinderlos zu sein, stellt nicht mehr ausweglos das Verdikt dar, eine „alte Jungfer" zu sein – und zu bleiben. Den materiellen Gefahren eines solchen Schicksals sind alleinstehende Frauen mittlerweile weitgehend enthoben. Auch sind sie nicht mehr ausnahmslos auf die emotionale Zuwendung der Familien ihrer Geschwister angewiesen. Doch nach wie vor gilt das Dasein einer Tante ohne Kinder als Surrogatexistenz – als kein so schlechter Ausweg, aber eben nur als Ausweg.

In ihrem Roman „Ein Mann für Mama" thematisiert Christine Nöstlinger diese Ersatzfunktion, die nur begrenzt attraktiv ist, indem sie die altmodisch-verständnislose und vor allem häßliche Großtante Alice der jungen, flotten Tante Irmela gegenüberstellt:

Dann ist da die Großtante Alice. Wir haben sie bereits kennengelernt. Sie hat keinen Beruf. Sie führt der Großmutter den Haushalt. Sie kann nicht nur zupfen und rücken und wischen, sondern auch Himmbeermarmelade mit Cognac einkochen und Esterhazy-Torte mit Zitronenglasur bakken. Außerdem kann sie Männer nicht leiden.

Tante Irmela ist knapp dreißig Jahre alt. Sie sieht aber angeblich aus wie zwanzig. Sie ist so schlank und blond und blauäugig, wie ein Mensch nur sein kann. Und sie hat eine ganz kleine, zarte Nase. Su hat einmal über die Tante gedichtet:

„Tante Irmela ist schön!
Die Menschen bleiben stehn,
wenn sie die Tante sehn,
sie können nicht weitergehn,
weil die Tante ist so wunderschön.
Von allen Verwandten,
sind am schönsten die jungen Tanten."

Die schöne Tante Irmela zeigt ihrer Nichte Su ein Jugendphoto der Großtante Alice:

„Wo ist denn das Fleischerkinn?" fragt Su.

„Das Fleischerkinn ist ihr erst später gewachsen. Und ihre blauen Augen sind von Jahr zu Jahr wassergrauer geworden, und der Busen ist nach unten gerutscht, und der Bauch ist dicker geworden. Das ist so langsam gegangen, daß es die Großtante selber kaum bemerkt hat."

Tante Irmela drückt die Zigarette aus und fährt fort: „Und in zwanzig Jahren schau' ich einmal genauso aus, und deine Kinder werden dich dann fragen, woher die grausliche alte Tante ihr Fleischerkinn hat!"[10]

Für die erwartbare Entwicklung zur grauslichen alten Tante macht die hübsche junge Tante nicht ihre Ähnlichkeit mit der Person der Großtante verantwortlich, sondern die Parallelität ihrer Lebensformen als „sitzengebliebene" Frauen. (Als ob Großmütter nicht auch ein Fleischerkinn haben könnten.) Die beiden gegensätzlichen Typen einer Tante, die grausliche alte und die noch akzeptierte, weil noch junge und schöne, prallen hier nicht nur aufeinander. Die eine fühlt sich vom Klischee der anderen bedroht, das sie als logische Entwicklung ihres momentanen Daseins auf sich zukommen sieht. Die als pingelig, altmodisch und männerfeindlich charakterisierte Tante Alice darf ihre eigene Sicht im Roman nicht darlegen, man erfährt nicht, was sie fühlt, wenn sie ihre junge Nichte sieht, die so hübsch ist, wie sie es selbst einmal war. Ihr Schicksal wird nur von außen beschrieben: Ihr ehemaliger Verehrer wollte sie nicht heiraten, seitdem staubt sie das Portrait des Mannes ihrer Schwester dreimal täglich ab(!). Dem Schicksal der Tante als sitzengebliebenem Familienanhängsel kann also nur kurze Zeit entkommen werden. Eine wirkliche Erlösung davon scheinen nur Heirat und Kinder bringen zu können. Den Maßstab der Schrulligkeit setzen die Kinder, die die Tante selbst nicht hat.

Erst in den letzten fünf Jahrzehnten finden sich in der Literatur auch andere Lösungen, sowohl der Abhängigkeit von der Familie der Geschwister als auch dem Schicksal der „tantenhaften Tante“ zu entkommen. Zwei vom Klischee abweichende Tendenzen werden deutlich: Zum einen tauchen positiv bewertete Schilderungen von durchaus ernstzunehmenden, wenngleich schrulligen, altmodischen Tanten auf. Besonders in der Kinder- und Jugendliteratur werden ihre unkonventionellen Charaktere als eine Art anachronistisches Bollwerk gegen den genuß- und lebensfeindlichen Trend der neuen Zeit beschrieben. Zweitens entstehen seit dieser Zeit zunehmend Romane, in denen kinderlose Tanten als völlig durchschnittliche Frauen vorkommen, die weder schrullig sind noch in einer anderen Weise den Eindruck erwecken, ein soziales Defizit bekämpfen zu müssen. Seit es Möglichkeiten gesellschaftlich anerkannter und vor allem freiwilliger Kinderlosigkeit gibt, muß mit dem Begriff „Tante“ nicht mehr unbedingt die Voreingenommenheit solchen Lebensformen gegenüber transportiert werden.

Eine der schönsten Schilderungen des ersten Typs, also einer positiv gesehenen altmodischen und recht eigenwilligen Tante, die genußvoll ihren ehelosen Lebensstil pflegt, gibt Ann Scott-Moncrieff:

Gut sieht sie heute abend aus, dachte er – genau wie eine

alte Dame aussehen sollte. Tante Robbo saß sehr aufrecht und sehr würdig in ihrem Ohrensessel. Ihr schneeweißes Haar war glatt zu einem Knoten im Nacken zurückgekämmt. Sie trug ein schwarzes Satinkleid, das ihr in reichen Falten über die Schuhe fiel. Die Hände lagen still auf dem straff geschnürten Leib. Eine sanftmütige alte Dame – würdet ihr und ich gedacht haben. Aber Hector kannte sie besser. Er wußte, daß seine Tante nur darum so still und friedlich dasaß, weil sie gut und ausgiebig zu Abend gegessen hatte. Tante Robbo dachte in der Tat an die junge Ente und die Röstkartoffeln und den Rotwein und den Vanillepudding und seufzte zufrieden. […]

„Oft denke ich, du bist vor der Zeit gealtert, Hector, weil du bei mir lebst.“ Sie beugte sich vor und ließ einen Löffel voll Kandiszucker in Hectors Hand rieseln.

„Hm“, war alles, was Hector, den Zucker im Mund, herausbrachte. Manchmal dachte er dasselbe, denn man konnte den Übermut der alten Dame zuweilen kaum bremsen.

Hector war elf Jahre alt, Tante Robbo einundachtzig. Eigentlich war sie nicht seine Tante, nicht einmal seine Großtante; sie war seine Urgroßtante; und die beiden kamen so gut miteinander aus, wie man nur miteinander auskommen kann.[11]

Diese Tante spielt fortwährend mit ihrem eigenen Klischee. Attribute der Seriosität, Gediegenheit und des Altmodischen setzt sie ein, um auf abenteuerliche Weise mit vier Kindern vor den Zugriffen einer bornierten, genußfeindlichen Gesellschaft zu fliehen. Sie ist eine personifizierte Fortschrittskritik, die die Seelenlosigkeit der Moderne anprangert.

Wenn die Lebensform unverheirateter, kinderloser Frauen nicht mehr ausschließlich als Versagen oder Defizit gegenüber einem Normalfall angesehen wird, braucht auch das Bild von der Tante nicht mehr unbedingt als der Inbegriff für enttäuschte Erwartungen herhalten. Deshalb muß es aber nicht verschwinden aus dem Repertoire sprachlicher Ausdrucksmittel. Das Stereotyp der schrulligen Tante diente der Sanktion für die Abweichung von einer weiblichen Norm, die heute an Kraft verloren hat. Sie besteht jedoch noch, so daß das Stereotyp nicht völlig revidiert wird, aber die verschiedentlichen Einbrüche der Norm lassen auch Lücken im Klischee frei. So können alte Bilder neue Funktionen übernehmen und die „tantenhafte Tante" zur positiven Figur der Kritik am Fortschritt werden.

Der zweite Entwicklungsstrang in den letzten Jahrzehnten läßt in der Literatur Tantenfiguren entstehen, die völlig „normale" verheiratete oder unverheiratete Frauen mit oder ohne Kinder sind. Bei den Romanen, in denen sie auftauchen, handelt es sich meist um Problematisierungen weiblicher Identitätsfindung. Eine erfolgreiche, kluge und in jeder Hinsicht lebenstüchtige Frau ist etwa die Protagonistin Jane Somers, deren Liebesgeschichte Doris Lessing geschrieben hat. Gleichzeitig schildert der Roman die Entwicklung der Nichten Jill und Kate, und zwar – das ist das Besondere daran – aus der Perspektive der Tante Jane, deren Selbstbild durch den Vergleich mit den Nichten nicht unbeeinflußt bleibt. Auch hier wird das Erscheinungsbild der Tante durch die Konfrontation mit einem Jugendphoto heraufbeschworen:

Ein oder zwei böse Minuten durchlebte ich schon, als ich das kleine Foto fand. Denn ich hatte mich nie dieser Arbeit gestellt, Bilanz zu ziehen, festzuhalten: So war ich damals, und so bin ich heute. Ich hatte einfach angenommen, ich hätte mich nicht groß verändert. [...]

Was hat sich eigentlich verändert? Nicht viel – aber alles ist anders; und damit muß ich fertigwerden. Das Mädchen auf dem Foto, ganz Blütentau und steigender Saft, ein Ansturm auf die Sinne, ich kann kaum glauben, daß ich mir dessen nicht bewußt war. Und hier steht nun die fertige Frau, ohne innere Leuchtkraft, ohne Anmut. Alles ist erreicht, alles ist ausgegeben.

Noch etwas sah ich, als ich da vor dem Spiegel stand und von dem Foto auf mich blickte – nämlich wie ich in Kates Augen erscheinen muß. Diese unerreichbare Höhe, die Frau auf dem Gipfel ihrer leistungsreichen, erfolgreichen Jahre. Was für eine Herausforderung, was für eine Belastung doch die Älteren für die Jungen darstellen. Das hatte ich nie so gesehen oder auch nur erahnt.[12]

Nicht einmal in spielerischer Abgrenzung taucht hier das Klischee einer tantenhaften Tante auf. Eine derartige Betrachtung der eigenen Situation und Erscheinung durch eine Frau, deren familiäre Bindungen ausschließlich in der Beziehung zur Familie ihrer Schwester bestehen, wäre zur literarischen Kennzeichnung einer Tante vor 50 Jahren nicht herangezogen worden. Die Tantenfunktion dieser

Frau bestimmt wesentlich die Handlung des Romans. Doch weder die Beziehung zu ihren Nichten, noch ihre berufliche Karriere, noch ihr selbständiger Lebensstil werden als Ersatzhandlungen für Kinderlosigkeit charakterisiert. Ihre Art zu leben wird schlicht als eine von verschiedenen Möglichkeiten beschrieben, wie Frauen ihr Leben sinnvoll und anerkannt führen können.

In Entwicklungsromanen übernahm auch schon früher die Figur der Tante die Funktion, den jeweils anderen Lebensstil zu demonstrieren. Doch als wertfrei geschilderte alternative Lebensform kann die Tante erst fungieren, seit die Bedingungen für das Klischee, also die gesellschaftliche Inakzeptanz lediger oder kinderloser Frauen, porös geworden sind. Seitdem exerzieren sie in der Literatur ihren Nichten – und manchmal auch Neffen – Lebensmodelle vor, die verlockender erscheinen als deren übrige, meist bornierte, langweilige Umgebung.

Beide Varianten des modernen literarischen Tantentyps spiegeln den positiv bewerteten Bruch mit der gesellschaftlichen Erwartung an Frauen wider, eine Familie zu gründen und Kinder zu haben. An die Stelle der leiblichen Kinder tritt eine intensive Beziehung zu ihren Nichten und Neffen, in der beide Seiten als Personen und nicht mehr allein als InhaberInnen eines familiären Status füreinander Bedeutung gewinnen. Dadurch erfährt das Bild von der tantenhaften Tante eine Umwertung. In dem einen Fall, dem der emanzipierten, durchschnittlichen Frau, wird es mit Auswegs-, Alternativ- oder Identifikationsfunktionen versehen, im anderen wird es beladbar mit Utopien vom konsensuellen Zusammenleben verschiedener Generationen, mit Verklärungen guter, alter Zeiten oder der spielerischen Bewältigung von Normkonflikten durch die Figur der eigenwilligen, fortschrittsresistenten und unkonventionellen Tante.

DAS HAUS DER TANTE

Objekte und Riten verwandtschaftlicher Tradierung

Meine allerfrüheste Erinnerung ist – ein Mantel. Es ist eine schöne Erinnerung: denn es war ein schöner Mantel. Er gehörte meiner mütterlichen Großmutter, welche die Aeltern nach München begleitet hatte.

Er war innen gar herrlich mit violetter Seide gefüttert, außen mit dunkel-goldgelben Zeichnungen übersäet, welche ich später, nachdem ich die „secreta litterarum", wie Tacitus sagen würde, mir angeeignet hatte, für riesige Fragezeichen hielt: es werden wohl sogenannte „Palmblätter" gewesen sein.

Oft wurde mir erzählt, in diesen Mantel eingeschlagen sei ich über die Elbe gebracht worden, während der Sturm die hohen Wellen des Stromes in die Fähre gepeitscht habe; ich durfte dann den weichen Mantel anfassen und streicheln. Ich weiß noch, daß ich dabei ein Gefühl des Dankes gegen den Mantel hatte. Ich bewunderte, verehrte und liebte diesen Mantel. Wo er wohl hingekommen sein mag? Solche Mäntel giebt es jetzt gar nicht mehr!

Auch meine zweitälteste Erinnerung haftet an einem Kleidungsstück. Es war der dunkelblaue Rock meiner mütterlichen Großmutter: mit gar vielen hellgelben Sternlein war er durchwirkt. Ich hielt mich an den Falten dieses Rockes, wenn abends zwischen sieben und acht Uhr die Großmutter den drei- oder vierjährigen aus dem Speisezimmer in das Schlafzimmer brachte.

Antlitz und Gestalt der alten Frau habe ich vergessen:

der blaue Rock und die gelben Sternlein stehen mir deutlich vor Augen.[13]

Felix Dahn erinnert sich an seine Großmutter. Ebenso hätte er seiner Kinderfrau, einer Nachbarin, einer Tante gedenken können – vielmehr deren dunklen Mantel und Rock. Denn auf die konkrete Person kommt es hier weniger an als auf das Gefühl der Geborgenheit und Dankbarkeit, das er als kleiner Junge verspürt hatte. Für ihn geht der Schutz von dem Mantel aus, nicht von der Großmutter, die ihn trug. An ihr Gesicht vermag er sich als Erwachsener nicht mehr zu erinnern. Dieser Mantel, dieser Rock ist die symbolische Essenz einer Beziehung, wie man sie nur zu ganz gewissen Menschen haben kann. Sie beginnt in einem Stadium der Kindheit, in dem das Erfassen anderer Menschen, wie das von Gefühlen oder Zuständen nur über die Dinge, die mit ihnen in Berührung kommen, bewerkstelligt werden kann.

So eine Gestalt war der weißhaarige Kioskverkäufer in seinem weißen Kittel. Vor seinem weißgestrichenen Holzpavillon zwang ich mit dem ersten heroischen Einkauf von fünf Brausebonbons oder zehn Silberlingen die ganze Welt in die Knie im Gewißwerden meiner eigenen Selbständigkeit. Er war einziger Zeuge und Repräsentant der sich fügenden Welt zugleich. Sein Gesicht? Dessen Züge sind irgendwo verlorengegangen. Geblieben ist der metallische Geschmack der Silberlinge und die Rauten und Wellen, eingekerbt auf der glänzenden Oberfläche der weißen oder rosa Brauseovale. Solche Beziehungen (und es waren welche, wenn ich täglich in Gedanken an jenen Mann die Münzen auf ihre Übersetzbarkeit hin prüfte: Silberlinge oder Brause?) begnügen sich mit wenigen, dafür aber klaren Facetten der Zuständigkeit oder einer ganz gewissen Art von Emotion: Da war die Zugehfrau, mit der ich gemeinsam beim Ankreuzen von Lottoscheinen lernte, an die alles ändernden Glücksfälle zu glauben, der Teppichhändler, der mit schmieriger Grandezza der Mutter die Hand küßte, als sei sie eine fernöstliche Kaiserin, Fräulein Finchen, an deren vom Duft der Wäsche erfüllten Seite ich hefteweise Schönschrift produzierte, und an der Kurzwarenhändlerin erlebte ich zum ersten Male Peinlichkeit, als die Erde sich eben nicht auftat, nachdem ich sie forsch und weltgewandt mit der Wäscheverkäuferin verwechselt hatte.

Jede Kindheit kennt solche randständigen Figuren. Sie gelangten nie zu zentraler Bedeutung, doch sie waren da. Die Spuren, die sie hinterlassen haben, werden kaum mehr bemerkt, doch sind sie nicht ganz verwischt. Durch Dinge oder außergewöhnliche Verhaltensweisen haben sie auf sich aufmerksam gemacht und wurden eins mit ihnen, weil sie selbst zu fremd, zu undurchsichtig, zu beweglich sind, um als Ganzes erfaßt werden zu können.

Was nicht abstrahiert werden kann, weil das Verfügen über Begriffe noch nicht ausreicht, sucht Ausdruck in der Vergegenständlichung. Ein Kind findet nicht Worte wie Verlassenheit oder Sehnsucht. Doch saugt es immer wieder den Duft vom Kopftuch der Mutter ein, das über der Klinke der Küchentür hängt, wenn sie das Haus verlassen hat, und das wenigstens ihren Geruch festhält. Das Kopftuch ist zugleich Reliquie von der Mutter und Symbol für das Gefühl, sie zu vermissen.

An das Gesicht der Mutter wird sich jeder erinnern, der seine Kindheit mit ihr verbracht hat. Die Gegenstände, mit denen sie oder der Vater sich umgeben haben, verselbständigen sich nicht zu einem einzigen Ausdruck der Beziehung zu ihnen. Doch all die anderen Gestalten, die im Leben eines Kindes auftauchen und meist bald auch wieder verschwinden, rutschen rasch ab in das Sediment der Kindheitserlebnisse und haken sich gerade noch fest mit jenen Dingen, die für sie stehen. An ihnen können die Gesichter, die Beziehungen, die Gefühle zu diesen Menschen wie an einer Angel ins Bewußtsein zurückgezogen werden.

An einen keltischen Aberglauben fühlte Marcel Proust sich durch diesen Vorgang erinnert,

> *nachdem die Seele der Lieben, die uns verlassen haben, in irgendein Wesen untergeordneter Art gebannt bleiben, ein Tier, eine Pflanze, ein unbelebtes Ding, dennoch verloren für uns bis zu dem Tage, der für viele niemals kommt, wo wir zufällig an dem Baum vorbeigehen oder in den Besitz des Dinges gelangen, in dem sie eingeschlossen sind. Dann horchen sie bebend auf, sie rufen uns an, und sobald wir sie erkennen, ist der Zauber gebrochen. Befreit durch uns besiegen sie den Tod und kehren ins Leben zu uns zurück. Ebenso ist es mit unserer Vergangenheit. Vergebens versuchen wir sie wieder heraufzubeschwören, unser Geist bemüht sich umsonst. Sie verbirgt sich außerhalb seines Machtbereichs und unerkennbar für ihn in irgendeinem stofflichen Gegenstand (oder der Empfindung, die dieser Gegenstand in uns weckt); in welchem, ahnen wir nicht. Ob wir diesem Ge-*

genstand aber vor unserem Tode begegnen oder nie auf ihn stoßen, hängt einzig vom Zufall ab.[14]

Als Eselsbrücken führen die Dinge zu den StatistInnen der eigenen Biographie. Sie können sich zu mehr oder weniger standardisierten Zeichen im Lebenslauf verdichten und die wichtigsten Daten und Zäsuren eines Lebens markieren. Konfirmandenhosen, Eheringe, ein zerbeultes Auto, ein Grabstein sind Chiffren für einschneidende Lebensereignisse. Mit den Jahren verliert sich der Schauer des Erinnerns, sobald man ihrer ansichtig wird. Dann haben sie ihre Aufgabe erfüllt.

Jene anderen Dinge jedoch, die nicht wie Marterln an den Kreuzungen und Wendepunkten des Lebens aufgestellt werden, sondern über die man stolpert, weil sie einfach daherkommen, sie leuchten um so mehr, je weiter das, wofür sie stehen, fortgerückt ist. Menschen, die ihre Heimat verlassen haben, erinnern sich an regionale Eigenheiten ihres ehemaligen Zuhauses, soziale AufsteigerInnen gedenken voll Rührung oder Zorn der Einfachheit ihrer Herkunft, und alten Menschen fallen die scheinbar banalsten Dinge aus ihrer Jugend plötzlich wieder ein. Die nach Jahren auftauchende Erinnerung an eine Tasse, eine Bewegung, an ein Stück Gebäck, einen Fetzen Stoff oder eine Melodie verleiht diesen Nebensächlichkeiten des Alltags Wichtigkeit und offenbart ihren symbolischen Charakter. Durch das Erinnern entschlüsselt sich oft erst ihre Bedeutung.

An den nebensächlichen Dingen und den flüchtigen Beziehungen übt sich Weltverstehen. Kinder abstrahieren weniger oder auf anderen Wegen als Erwachsene und sie setzen ihre Prioritäten spontan, nach eigenen Regeln und ohne Perspektive. Daher merken Erwachsene oft gar nichts, wenn dem Kind neben ihnen anhand einer scheinbaren Banalität ganze Welten sich eröffnen, in sich zusammenfallen oder in für sie zwingender Logik zueinander finden.

Das Gewohnte aber sieht man nie zum ersten Mal. Es ist einfach da. Daß es anderes gibt oder etwas anders zugehen kann, ist die Botschaft der Menschen am Rande der eigenen Existenz. Die Matrix dieser Botschaft, die oft eine Geheimnachricht ist, die nur diejenigen entziffern können, die sie erhalten sollen, ist das für alle anderen Nebensächliche.

Der Prototyp der marginalen Erscheinung, die mit dem ihr eigenen Habitus und ihrer dinglichen Umgebung das Kind aus der Selbstgewißheit der eigenen Welt löst, ist die Tante. Oft ist es unwichtig, ob es eine Tante war, die einer kindlichen Erfahrung auf die Sprünge geholfen hat; doch nicht unwichtig ist, daß es häufig eine Tante ist, der dies gelingt:

> *Das Gefühl zur Mutter ist ursprünglicher, intensiver und näher. Zuerst sieht man die Mutter gar nicht, man fühlt sie nur. Man lebt ja noch von der Mutter, auch wenn man ihren Leib verlassen hat, von ihrer Wärme, Berührung Zärtlichkeit, wie von ihrer Milch. […] Aus dem Kinderbett wurde ich öfter auf dem Arm meiner Mutter zum Fenster getragen, und sie zeigte mir, wie es draußen war. Ein anderes Mal lag ich im Arm einer, wie ich später hörte, sehr schönen Tante, die einen riesigen Federhut trug. Sie war die Frau des Burghauptmanns vom Kaiserlichen Schloß Schönbrunn nahe bei Wien und besuchte*

manchmal meine Mutter. Da habe ich zum erstenmal mein Gesicht auf die Brust einer Nichtmutter gelegt. Auch sie war zärtlich zu mir und hatte dazu noch eine so merkwürdige Geschichte auf dem Kopf. Draußen vor dem Fenster auf dem Balkon ragten Karyatiden aus Stucco mit großen Brüsten hervor. Da kannte ich die Frauen nicht mehr auseinander.[15]

Auf diese Weise enthüllte sich dem jungen Oskar Kokoschka mit Hilfe der Tante das Phänomen Frau. Was die Tante auszeichnet, ist ihr Dasein als Nichtmutter. Gepaart mit irgendeiner bislang nicht gekannten Attitüde oder Sache, wie hier der Federhut und die Karyatiden, öffnet sie dem Kind die Augen über die Vielfalt oder auch über die Regelmäßigkeiten in der Welt.

Tendiert die Vermittlung durch die Tante für kleine Kinder eher zu einer Erweiterung ihrer eigenen Welt der Erscheinungen und ihres Wissens, erleben ältere Nichten und Neffen mehr die soziale Dimension der Andersartigkeit der Tante. So empfand es etwa Gertrude Stein, die als 22jährige zu der Schwester ihrer Mutter „und zu einer Gesellschaft lebhafter kleiner Tanten, die alles wissen mußten"[16] zog. Nur über die Beschreibung der Dinge in diesem Haus gelingt es ihr, die Atmosphäre zu charakterisieren, die seine Bewohnerinnen schufen. Sie trat in ein „äußerliches" Leben ein, dessen Herzlichkeit, Vielfältigkeit und Solidität sie verdeutlicht durch

einen Salon voll erlesenen Marmorstatuen auf gelben Onyx-Piedestalen, weiß- und goldbemalte Stühle der ver-

schiedensten Formen und Größen, eine blaßblaue Seidenbrokattapete an den Wänden und eine Decke, auf der sich rosa Engel und Putten tummelten, ein Eßzimmer, das ganz Düsternis und Goldglanz war, ein Wohnzimmer, das ganz Üppigkeit und Gold und Rot war, mit Wandsofas, Bücherschränken mit Glastüren und Gemälden, auf denen sich sauber gewaschene Bauern der deutschen Schule bewegten, und große Schlafzimmer, die ganz licht und blau und weiß waren. Marmor und Bronzen und Kristallüster und künstliche Kamine, in denen Gasflammen züngelten, vervollständigten jeden Raum. Und stets und überall fanden sich komplizierte Waschgelegenheiten und Toilettentische voll von Bürsten, Schwämmen, Instrumenten, die der Reinlichkeit dienten.[17]

Gertrude Stein beschreibt nicht Dinge, wenn sie Gefühle meint, allein um dort Zuflucht vor der Hilflosigkeit der Worte zu suchen. Es waren in der Tat die Dinge selbst, die ihr Lebenslust und Geborgenheit einflößten. Nach einer Jugend, in der hauptsächlich Bücher die Gefährten ihres Alltags waren, lernt sie in dem Haus der „kleinen" Tanten die Ausstrahlung der Dinge kennen.

Das wichtigste Requisit im Panoptikum der Tante ist ihr Haus, der dingliche Kern ihrer lebenskulturellen Aura.

Dort war alles schöner und vornehmer als bei uns, schon weil es anders war, auch roch es gleich beim Eintritt ins Zimmer so sanft und mysteriös, wie meistens in den sauberen Haushaltungen älterer, unvermählter Frauenzimmer,[18] erinnert sich Karl Gerok. Das Haus der Tante ist ja nicht völlig fremd. Ungewohnt ist es. Doch wenn auch nichts sich dort so von selbst versteht wie daheim, ist es trotzdem nicht bedrohlich – jedenfalls nicht existentiell. Ob in der Nachbarschaft gelegen oder Ziel von Ausflügen und Ferienreisen ist das Haus der Tante der erste Gegenkosmos zum eigenen Zuhause, in den einzudringen erlaubt und erwünscht ist. Als alternatives Refugium zum Elternhaus steht es unter dem Regiment der Tante zunächst lediglich als fremd und anders da. Die veränderten Lebensumstände und die Stellung des – wie immer vertrauten – Gastes lassen Haus und Garten der Tante zuweilen zum Inbegriff paradiesischen Lebens werden:

> *Eine andere Frage beschäftigte mich auch auf das lebhafteste, nämlich, was „die Ferne" sei. Bis dahin war ich nur so weit von meinem Geburtsort entfernt gewesen, um bequem am selben Tag dahin zurückkehren zu können. […] Den darauffolgenden Sommer aber konnte ich endlich meine Wißbegierde befriedigen. Meine Schwestern und ich machten eine Vergnügungsreise mit meinen Eltern. Zunächst gingen wir auf das Land zu einer Tante im Süden von Deutschland, und da lernte ich zuerst das eigentliche Landleben kennen. Das große Haus, eine alte Abtei mit endlos langen Gängen – den prächtigen Garten mit einer Fülle von Blumen und Früchten, die Felder, das Vieh, die unbeschränkte Freiheit, alles das zu genießen, im Garten, im Feld umherzulaufen, das schien mir das Paradies selbst.*[19]

Das Haus der Tante birgt eine Fülle von Erfahrung und Projektion. Zunächst einmal kann es schlicht dort liegen, wo die „Ferne" ist. Es ist das rätselhafte Ufer, dem selbst für die Phantasie ein konkretes Bild zugrunde liegen muß, um nicht ins schlicht Diffuse abzusinken. Ebenso kann dieses Haus eine Heimat sein:

> *Wir Kinder, und gewissermaßen auch unsere Aeltern hatten übrigens außer unserer Wohnung noch eine zweite, ja eine dritte Heimat; denn so lange die alte Urgroßmutter lebte, fühlten wir uns sowohl bei dieser als auch bei der Tante Johanne, oder, wie sie allgemein genannt wurde, bei Tante Hanne, eben so hingehörig wie bei uns. [...] Nach dem Tode der trefflichen alten Frau wurde die Tante Hanne, die nun allein stand, für uns förmlich zu einer zweiten Mutter neben unsrer eigenen.*[20]

Ob konkrete nachbarschaftliche Zuflucht oder umträumtes Ziel in der Ferne, das Haus der Tante lockt, den Fuß – neugierig, aber gesichert – aus dem Bannkreis des elterlichen Territoriums heraus und dort hinein zu setzen. Die primäre Qualität der Erfahrungen, die dort zu machen sind, ist die oft sogar bewußte Erstmaligkeit. Dieser Eindruck kann noch dann zum Tragen kommen, wenn die Erfahrungen in diesem Haus selbst bitterböse sind. Die Vertrautheit innerhalb des Neuen oder Fremden, die die Existenz der Tante garantiert, schützt vor dem großen schwarzen Loch des absolut Unbekannten, Fremden.

Für die junge Simone de Beauvoir wog diese Sicherheit so schwer, daß selbst das befremdliche Verhalten der Tante diesen schützenden Rahmen nicht zu sprengen vermochte. Aus einem Streit mit ihrer Tante Alice ging sie nicht nur um eine Erfahrung reicher hervor, sondern auch unbeschadet gegenüber der Faszination, die das Haus und der Garten der bösen Fee, Tante Alice, auf sie ausübte.

In Tante Alices Garten liebte ich die sorglich geschnittenen Eiben, den frommen Buchsbaumduft und unter einer Weißbuche ein Objekt, das auf ähnlich köstliche Weise fragwürdig war wie etwa eine Uhr aus Fleisch: einen Felsen, der ein Möbel war, einen steinernen Tisch. Eines Morgens ging ein Gewitter nieder; ich amüsierte mich gerade mit Tante Lili im Speisezimmer, als der Blitz einschlug – ein Ereignis, das mich mit Stolz erfüllte. Immer, wenn mir etwas widerfuhr, war ich um so stärker von meiner Wichtigkeit überzeugt. Auch eine noch subtilere Erfahrung wurde mir zuteil: Die Wand des Wirtschaftsgebäudes war mit Clematis bewachsen; eines Morgens beorderte mich Tante Alice streng zu sich; eine Blüte hatte am Boden gelegen; sie sagte mir auf den Kopf zu, ich hätte sie abgepflückt. Die Blumen im Garten anzurühren war ein Verbrechen, über dessen Schwere für mich keinerlei Zweifel bestand; ich hatte es jedoch nicht getan und wies alle Schuld von mir. Tante Alice glaubte mir nicht. Tante Lili aber trat temperamentvoll für mich ein. Sie repräsentierte in diesem Fall meine Eltern und hatte allein über mich Recht zu sprechen; Tante Alice mit ihrem alten, fleckigen Gesicht kam mir wie eine der bösen Feen vor, die die Kinder verfolgen; ich wohnte mit Behagen dem Kampfe bei, der zu meinem Nutzen von den Kräften des

Guten gegen Irrtum und Ungerechtigkeit ausgefochten wurde.[21]

Im Haus der Tante warten die ersten kleinen Fremdheiten auf den ethnologischen Blick des Kindes. Denn gleich dem Forscher in der Südsee fühlt es sich für die beobachteten Zustände nicht verantwortlich.[22] Zunächst taucht es ein in das Fremde, läßt es – weil es gar nicht anders kann – auf sich wirken. Wo, wenn nicht im Haus der Tante, ließe sich trefflich und nicht involviert die altjüngferliche Annahme um Sachen und Sächelchen beobachten, oder der legere Ton zwischen Tante und Cousine, die unbekannten Riten und Sitten beim Essen und Zubettgehen oder der gegenseitige Umgang von Eheleuten, denen man nicht als Sohn oder Tochter verpflichtet ist?

Die Identität eines Hauses gründet sich auf ein Geflecht verbaler, habitueller und dinglicher Gewohnheiten. Die Laute von Türen und Dielen, der Geruch am Morgen oder am Nachmittag, wie man sich am Telefon meldet, wie Mahlzeiten ablaufen, welche Waschmittel verwendet werden, all die kleinen Verrichtungen und Übereinkünfte erschöpfen ihren Sinn nicht allein in sich selbst, sie repräsentieren zugleich das gemeinschaftliche Selbstverständnis derer, die telefonieren, essen, waschen. Wie routiniert und schnoddrig oder aber auch überhöht ritualisiert die alltäglichen Gepflogenheiten und der Umgang mit den Requisiten des Alltagslebens einer Familie auch sind, sie haben alle eine Geschichte, eine kurze oder lange.

Tradierung von Geschichte verlangt Anwesenheit. In der Regel übernimmt die Mutter den präsenten Part bei der Weitergabe des kulturellen Lebensstils einer Familie. Sie verwaltet das Alltagsleben, vor allem die Bereiche des Nebensächlichen. Dazu muß sie weit weniger Repräsentanzen überhöhter oder symbolischer Art einsetzen als der Vater. Ihr Kopftuch wird erst wichtig als ihr symbolisches Relikt, wenn sie selbst einmal fort ist.

Bei traditioneller Aufteilung der familiären Pflichten ist der persönliche Lebensstil der Mutter der nicht proklamierte, der selbstverständlichere, oft unauffälligere. Sie hält die Ordnungsgrade ein, selbst wenn sie auf die Bedürfnisse des meist abwesenden Vaters zugeschnitten werden. Täglich hat sie die Zügel der Kinder auf das rechte Maß einzustellen. Es liegt in ihrer Hand, ob schwelgend, praktisch und gut oder nur beiläufig miteinander gegessen wird. Sie bestimmt, ob der Charakter einer Familie der eines gutgehenden Ladens, einer Zelle einander überfordernder Gefangener, eines heimelnden Refugiums oder der eines Fixpunktes im Laissez-faire ist.

Der Stil, den sie dabei an den Tag legt, verweist auf ihre eigene Kindheit. Er ist eine Antwort auf ihre Mutter und wiederum deren Weise, die Gangart des alltäglichen Lebens zu bestimmen. Seine Komponenten sind die Übernahmen, Weiterentwicklungen, Ablehnungen jenes im Elternhaus entwickelten Lebensstils und die über den Vater vermittelten Einflüsse seiner Herkunftsfamilie. Sosehr die Mutter sich in der Weitergabe der alltäglichen kulturellen Lebensweise von der Generation der Großeltern auch abheben mag, verbindet sie doch eine direkte Linie damit.

Der Lebensstil der Tante ist gleichen Ursprungs wie der des Vaters oder der Mutter, stellt jedoch zugleich eine – wie immer geartete – alternative Weiterentwicklung dazu dar. Und es sind gerade die Terrains des Nebensächlichen, in denen sich die Unterschiedlichkeiten einnisten. Denn es ist „gerade das Banale, was in unseren alltäglichen Gewohnheiten eine Gemeinschaft gründet.“[23] Die fremden oder modifizierten Riten machen das Haus der Tante zum Ort des anderen. Der Eindruck der kleinen Befremdlichkeiten reizt zum Vergleich mit dem Eigenen.

Unser Vater kündigte sein Erschienensein – egal, ob er zwei Wochen in Italien gewesen war oder nur einen Sprung ums Eck gemacht hatte – durch einen Pfiff an, der ursprünglich einmal der Melodie des ersten Takts von Beethovens Fünfter Symphonie glich. Dieser Pfiff war allen das Signal, daß nun der andere Wind im Hause zu wehen begonnen hatte: Er war da. Der Pfiff war weit mehr als eine paternalistische Fanfare. Er war der Schwanengesang auf verflossene Burschenherrlichkeit und kündete mit dieser jovialen Geste gegenüber Beethoven an, wie sehr man das Abendland doch im Griff hatte.

Wie diese vier Töne notorisch fröhlich dem eigenen Erfolg huldigten ohne darauf bedacht zu sein, wie willkommen sie anderen waren, brachten sie ein ganzes Eheleben zum Ausdruck, in dem unser Vater per Pfiff Sorge tragen mußte, daß sein Dasein auch bemerkt wurde. Meine Mutter pfiff nie. Einem Auto braucht man ja auch nicht sagen, daß sein Motor da ist. […]

Bis ich etwa fünf Jahre alt war, glaubte ich, daß Väter pfeifen, wenn sie nach Hause kommen. Bis ich einmal bei meiner Cousine übernachtete, von deren Eltern gemun-

kelt wurde, daß sie sich oft stritten. Dort sah ich zum ersten Mal, wie einer nicht als Vater, sondern als Mann nach Hause kommt. Der Onkel packte meine Tante einfach bei den Hüften, küßte sie und sagte: „Ich hab Hunger."[24]

Das Fremde muß erfahren und als das andere wahrgenommen werden, damit das Eigene erkannt werden kann. Der Weg über den Vergleich leitet nicht nur diejenigen, die durch die Annäherung an fremde Kulturen Gewinn für die Einsicht in die eigene ziehen wollen. Vergleiche benutzt auch das Kind beim Hineinwachsen in die Welt der Erwachsenen. Das Kind gelangt in eine kulturelle Lebenswelt, ohne nach deren Sinn oder Bedeutung zu fragen. Erst der Vergleich mit anderen Kulturen nötigt es, diese Frage zu stellen. Diese Frage zu beantworten heißt, Identität zu entwickeln.

In der Dynamik zwischen Familie und Kultur spielt das Moment des Fremden eine hervorragende Rolle. Die Faszination, die vom Fremden ausgeht, verlockt zum Ausbruch aus der Familie und steht insofern auch im Dienste der kulturellen Entwicklung. Zuvor muß aber die Angst überwunden werden, die schon früh in Verbindung mit dem Fremden auftritt.[25]

Denn Angst vor dem Fremden produziert Abwehr. Positive Fremdheitserfahrungen, bei denen Faszination die Abwehr eindeutig überwiegt, gelingen nur in existentiell nicht bedrohlichen Rahmen.

Das Nicht-Bedrohliche bei der Anschauung des Fremden im Haus der Tante ist dem Kind durch die Verwandtschaft mit ihr garantiert. Sie steht in Verlängerung zur Kernfamilie. Die Tante repräsentiert etwas Fremdes, das „ein Element der Gruppe selbst“ ist, wie Georg Simmel es formuliert, „ein Element, dessen immanente und Gliedstellung zugleich ein Außerhalb und Gegenüber einschließt.“[26] Im Haus der Tante schwingt immer auch etwas Eigenes mit. Und dies ahnt das Kind in einem archaischen Gefühl der Zugehörigkeit zum Verwandten, das es auch über reale Dissonanzen und Bedrohlichkeiten hinwegzutragen vermag.

Es bedeutet etwas anderes, ob einem der eigene Bruder oder der beste Freund plötzlich fremd wird. Ebenso mag man mit einer Freundin der Mutter viel vertrauter sein als mit ihrer Schwester. Doch jene kann man verlieren, diese nicht. Die Tante gehört zur eigenen Geschichte, selbst wenn nie Gemeinsames mit ihr erlebt wurde. Das macht ja jene boshafte, verständnislose, altmodische Tante so besonders schrecklich: Ohne eine bewußte Beziehung zu ihr zu haben, ist man der Gemeinsamkeit mit ihr rettungslos ausgeliefert.

Als nahe Fremde vermag die Tante in ihrem kulturellen Milieu das Eigene als Besonderes aus der Selbstverständlichkeit des alltäglichen Tuns herauszuschälen. Dazu braucht sie mitunter nicht einmal persönlich anwesend zu sein. So erschien dem jungen Felix Eberty die Lieblingsschwester seines Vaters wie eine gute Fee, die er nur aus den Briefen kannte, die sie den Kindern des Bruders schrieb:

Bald kam es soweit, daß sie in den an den Vater gerichteten Briefen jedes Mal ein Blättchen für mich und meine Schwester mit einlegte, worauf wir natürlich nicht wenig stolz waren. Die Briefe aus Düsseldorf gewannen für uns noch dadurch an ihrer Wirkung, daß meine Tante, die, ebenso wie ihre Geschwister, von einer französischen Gouvernante erzogen war, sich beim Schreiben stets der lateinischen Buchstaben bediente, was den von ihr herrührenden Blättern ein eigenthümlich zierliches Aussehen gab. […]

Die Tante beantwortete meine Zuschriften sehr regelmäßig, und schickte gewöhnlich jedes Mal ein kleines Geschenk für uns mit, welches wir, da es aus so weiter Ferne kam, mit besonderer Ehrfurcht anstaunten und sorgfältig aufbewahrten. Auf diese Weise erschien uns die entfernte Verwandte in einem fast magischen Lichte, wie eine wohlthätige Fee, die ihre Gaben spendet, ohne sich den Blicken ihrer Schützlinge leibhaftig zu zeigen, ganz im Gegensatz zu der sehr realen Tante, die wir täglich sehen und besuchen konnten …[27]

Die Fee schreibt lateinisch. Womöglich wandte der Vater, von derselben französischen Gouvernante erzogen, diese Schrift nicht mehr an, so daß es der fernen Tante oblag, mit einer kulturellen Nebensächlichkeit den Kosmopolitismus der Familie zu tradieren.

Eine russische Tageszeitung in kyrillischer Schrift hätte die Kinder ebenso ein Fragment Weltverständnis lehren können: Es gibt andere Schriften als die deutsche. Doch bliebe diese Fremdheitserfahrung für sich und äußerlich. Für den der fremden Schrift nicht Kundigen hat sie abweisenden Charakter: In seiner Gegenwart (denn er sieht die Zeitung ja vor sich) wird kommuniziert, und er versteht kein Wort. Es gibt keinerlei Zugang zum Verständnis dieser Kommunikation. Ganz anders der Brief der Tante. Seine Fremdartigkeit bedeutet dem Adressaten eine Aufforderung zur Gemeinschaftlichkeit. Das Fremde ist das Eigene, das es nur noch zu entdecken gilt.

Kinder schreiben keine Autobiographien. Doch Kinder schreiben Schulaufsätze, und sie lesen Kinderbücher. Auch dieser Weg, sich nach der Befindlichkeit der Tante zu erkundigen, führt direkt in ihr Haus. Eine kleine Untersuchung von Schulaufsätzen zum Thema „Meine Tante" beobachtete die gleiche Fasziniertheit vom alltäglichen Ambiente der Tante, wie sie die Autobiographien als Kinder zu Beginn des vorigen Jahrhunderts überfiel. Das fremdartige, oft paradiesische Leben im Haus der Tante scheint eine Realutopie zu sein, seit Kernfamilien sich in ihren eigenen kulturellen Kokon einspinnen.[28]

Dem Wunsch, dieser Hülle zumindest in der Phantasie zu entkommen, tragen Schilderungen in Kinderbüchern von der vertrauenswürdigen Exotik der Tante Rechnung:

Die alte Tür hängt schräg in den Angeln und knarrt zur Begrüßung, als sie das Mühlenhaus betreten. Die Mühle selbst besteht aus einem großen Raum im Erdgeschoß, von dem nur eine Kochecke und eine Art Waschraum abgeteilt ist. Eine schmale Treppe, die eher eine Leiter ist, führt nach oben in den Mühlenspeicher.

„Die Toilette ist draußen. Ein richtiges Plumpsklo", sagt Tante Lu, als Kati mal muß. In der Tür ist eine herzförmige Öffnung, durch die der frische Wind bläst. So ist es gut belüftet.

„Und wenn man nachts muß?" erkundigt sich Kati. „Da ist ja kein Licht!"

„Da gehen wir mit der Sturmlaterne. Wie echte Seeräuber. Ich werde dich begleiten. Man läßt einen Seemannskumpel nicht im Stich!" Da spürt Kati, daß mit Tante Lu selbst alltägliche Dinge zum Abenteuer werden. Auch sonst gibt es in der Mühle allerhand Ungewöhnliches zu entdecken. Der Dachboden mit seinem Gerümpel ist eine wahre Fundgrube für Abenteuer. Immer wenn ein leichter Wind kommt, drehen sich auch die Flügel der Mühle. Es ächzt und knarrt im Mühlengebälk, daß man sich fürchten könnte. „Manchmal ist es, als erzähle die Mühle Geschichten. Zum Beispiel Seeräubergeschichten", sagt Tante Lu geheimnisvoll.[29]

Man könnte sich fürchten, dort in dem eigenartigen Haus der Tante. Doch man weiß, man braucht es nicht. Das Haus ist fremd und sicher zugleich. Die Tante schützt gleichermaßen vor Langeweile wie vor Gefahr.

Die Beschreibung von Tantenhäusern in der Kinderliteratur sind oft so phantastisch, daß jedes Kind weiß, daß es sich dabei um nicht realisierbare Vorstellungen handelt. Das sollen sie auch gar nicht sein. Es geht um die Kontrastwirkung der Utopie, deren differentieller Abstand zur eigenen, alltäglich gelebten Familienkultur das Ausbalancieren eines eigenen Weges erst ermöglicht.

Doch langsam sterben die ungewöhnlichen Tantenfiguren in der Kinderliteratur aus. Sie werden verdrängt vom Typ der pfiffigen Großmutter, die für allen Unfug zu haben ist. Damit wird auf gesellschaftliche Realität Rücksicht genommen. Es gibt eben zunehmend Großmütter, die jedenfalls potentiell die Zeit und körperliche Kraft besitzen, um die Kumpel ihrer Enkelkinder zu werden – und Tanten gibt es, statistisch gesehen, immer weniger.

Geht es um ihre reale Bedeutung, sind die beiden jedoch weder als lebende noch als literarische Figur so einfach miteinander auszutauschen. In den Kinderbüchern etwa sucht man vergebens nach Beschreibungen des Hauses, in dem die Großmutter wohnt. Ihr Ambiente wird karg angerissen, doch dient es nicht dazu, eine andere Welt als die den Kindern vertraute zu illustrieren. Worauf es ankommt, ist das unkonventionelle Verhalten der Großmutter. Sie ist eine rein soziale Utopie, die de facto befriedend wirkt. Ihre Aussage ist entweder moralisch zu deuten: Kinder, entwickelt etwas mehr Verständnis für alte Menschen, dann könnt ihr ihre Freundschaft erobern! Oder sie schiebt den realen Großmüttern die Schuld am Unverständnis zwischen der Kinder- und Großelterngeneration in die Schuhe: Wenn meine Großmutter so ungewöhnlich und ausgelassen wäre wie die im Kinderbuch, könnte man sich auch besser mit ihr vertragen.

Als Rekurs auf die eigene Entwicklung verbindet Enkelkind und Großmutter nur eine einzige Linie. Der kulturelle Vergleich zweier Häuser, sprich: zweier gleichwertiger Lebensstile findet nicht statt. Die „Wechselwirkungsform“, wie Georg Simmel sie nannte, wird zugunsten einer Verstärkung der kindlichen Egozentrik aufgegeben. Die einzige kritische Schlußfolgerung daraus ist: Früher war alles anders.

In der Beziehung von Großmutter und Enkelkindern

treten lediglich zwei Lebensphasen miteinander in Verbindung. Sie verbünden sich womöglich auch zu Solidargemeinschaften gesellschaftlich Marginalisierter. Der darin enthaltene gesellschaftliche Konflikt wird nicht ausgetragen. Er löst sich einfach auf. Im Klartext: Die Großmutter wird bald gestorben und das Kind ein ebenso verständnisloser Erwachsener geworden sein, wie die heutigen Erwachsenen der Elterngeneration.

Die Konfrontation mit der Lebenswelt der Tante hingegen verbindet nicht nur zwei Lebensphasen miteinander, sondern sie stellt ein alternatives, ungewohntes Lebensmodell vor. Das Fremde im Haus der Tante macht Nichte und Neffen klar: So wie hier hätte es auch bei euch daheim zugehen können. Ob das besser oder schlechter gewesen wäre, spielt dabei keine Rolle.

SO WIE SIE
Der Tante ähnlich sein

Sophie Freud, die Enkelin Sigmund Freuds, befand sich ihr ganzes Leben auf der Suche nach Mutterfiguren. Sie suchte nach Rat und Schutz, die Unterstützung und den Trost älterer, weiser Frauen. In ihrer Verwandtschaft fand sie drei Mütter: ihre leibliche Mutter, deren Schwester und die Schwester ihres Vaters, Anna Freud. Jede dieser drei Frauen war für eine andere Phase ihres Lebens bestimmend. Während sie ihre leibliche Mutter die Mutter ihrer Kindheit nennt, wurde deren Schwester für sie im Alter von 14 Jahren so wichtig, daß sie sie als ihre zweite Mutter bezeichnet. Der Einfluß ihrer dritten Mutter, Anna, wurde für Sophie Freud wirksam, als sie bereits eine ältere Frau war.

Vor dem Hintergrund ihrer psychoanalytischen Erfahrung beschreibt sie die unterschiedlichen Bedürfnisse, die sie in verschiedenen Entwicklungsphasen an ihre Identifikationsfiguren herangetragen hat. Mit ihrem eigenen Verhältnis zu Mutter und Tanten verwoben sind auch die Beziehungen dieser drei Frauen untereinander, und sie kommt nicht umhin, sie miteinander zu vergleichen. Besonders aufschlußreich ist ihre Gegenüberstellung von erster und zweiter Mutter, da diese beiden recht ungleiche Schwestern waren, die einander abwechselnd mit Neid begegneten. Die Unterschiedlichkeit der beiden Frauen macht sie an dem Punkt fest, wo die Tante deutlich die wichtigere Funktion übernommen hat:

Vielleicht ist es für die zahlreichen Freud-Forscher besonders pikant zu erfahren, daß seine Enkelin mit dreizehneinhalb Jahren noch nicht die geringste Vorstellung davon hatte, wie Babys entstehen. Die Auskünfte meiner ersten Mutter über sexuelle Fragen waren sehr spärlich, und ich war offenbar kein sehr wißbegieriges Kind. „Kratz dich nicht", sagte sie zu mir, als ich etwa vier Jahre alt war und sich meine Hand verirrte. Als ich dreizehn oder vierzehn war, sagt sie zu mir: „Mädchen bekommen in einem bestimmten Alter Blutungen", nachdem ich plötzlich und unerklärlich angefangen hatte zu bluten und mein Fräulein sich weigerte, über diese Sache zu sprechen, „und das bedeutet, daß sie Frauen werden."

„Du kannst es ja vortäuschen", sagte sie und errötete, als ich jung verheiratet war. Dies waren die einzigen Gespräche mit ihr über Sexuelles, an die ich mich erinnere.

Im Gegensatz dazu war meine zweite Mutter voller Sexualität. Wann immer ich sie an einem späten Samstagvormittag besuchte, fand ich sie frühstückend im Bett, umgeben von Wirrwarr. Während ich die leeren Whiskyflaschen wegräumte, die sich auf mysteriöse Weise unter ihrem Bett ansammelten, und Dutzende überquellende Aschenbecher leerte, unterhielt sie mich mit aufregenden Geschichten über Liebe und Intrigen.[30]

Diese Tante hatte selbst einen Sohn, war also Mutter. Und Sophie Freud bezeichnet sie auch nicht als Tante, Freundin oder dergleichen, sondern ausdrücklich als ihre zweite Mutter. Überquellende Aschenbecher, Whiskyflaschen, Liebe und Intrigen entsprechen nun allerdings nicht dem typischen Klischee einer „guten Mutter“. War diese Frau eine „schlechte Mutter“? Wir wissen es nicht.

Es ist auch nicht wichtig. Wichtig ist, daß sie für ihre Nichte deshalb bedeutsam wurde, weil sie diese Attribute besaß, die die eigene Mutter nicht hatte. Sie war eine gute Tante.

Die Zugeknöpftheit der Mutter wog sie durch Gespräche über Liebe auf und präsentierte der Nichte einen völlig anderen, von Geschlechtlichkeit durchwobenen Lebensstil, der im Wirrwarr der im Bett frühstückenden Tante seinen symbolischen Ausdruck erhielt.

Die Empfänglichkeit für andere Lebensstile als dem eigenen, gewohnten oder selbstverständlichen ist vor allem in jenen Laboratoriumsphasen des Lebens besonders hoch, in denen man herumexperimentiert, was man von der Welt halten und aus sich selbst machen soll. Geht es um die Entwicklung der eigenen Geschlechtlichkeit, zieht die erotische Ausstrahlung anderer Menschen die Aufmerksamkeit auf sich. Wahrscheinlich wird diese Attraktion heftig und plötzlich empfunden, wenn eine solche Empfindung vorher nie wahrgenommen worden oder lange unbeachtet geblieben ist. Albert, die Titelfigur in „Der Neffe“, merkt beim Zusammentreffen mit der Schwester seiner Mutter, daß er dabei ist, ein Mann zu werden:

Albert wartete vor der Badezimmertür, bis die Tante rief, sie sei jetzt soweit. Er trat ein, sah sie und wollte pfeifen. Sie trug ein leuchtend rotes Kleid. Ihr Rücken war frei. Sie sah aus wie Irene – wie meine Mama genau – nur mit Ausnahme der Schicht Fleisch, die bei der Tante überall drunter war und sie damit glücklicher aussehen ließ. „Hilfst du mir", fragte sie.

Er zog ihr den Reißverschluß zu.

Den nackten Rücken seiner Mutter kannte Albert nur hinter der Stuhllehne, wenn sie am Toilettentisch saß, einen Turban am Kopf, und sich die Augenbrauen schmal zupfte.[31]

Die Tante kommt auf Besuch. Ihre Mitbringsel sind ein Schweizer Messer (das dann nicht funktioniert) und eine erotische Ausstrahlung, die ihr Neffe bislang nicht kannte. Am wenigsten kannte er so etwas an seiner Mutter, obwohl Monika Helfer sie in ihrem Roman als eine attraktive Frau beschreibt, die immerhin so hohe Ansprüche an ihr Sexualleben stellt, daß sie sich einen Liebhaber hält. Die junge Tante hingegen überzieht ihren ganzen Alltag mit ihrem Eros. Selbst wenn sie dem Neffen das Abendessen richtet oder mit ihm vor dem Fernseher sitzt, verbreitet sie jene Aura, die nichts gemein hat mit der tüchtigen, praktischen Art der Mutter. So differenziert die Stereotypvorstellungen von einer guten Mutter auch sein mögen, ihnen fehlt die sexuelle Komponente oder vielmehr der erotische Teil davon, der über den Bereich der Bedürfnisbefriedigung und Fortpflanzung hinaus, ohne auf ein bestimmtes Ziel gerichtet sein zu müssen, den Umgang mit der ganzen Welt umfaßt. Wie eine Mutter zu sein hat, verdichtet Irmgard Keun in ihrem naiv spielenden Stil zur Metapher:

[...] eine Mutter muß immer was sein wie ein Kissen, besonders vorne. Man kann ja sonst seinen Kopf nicht rich-

tig wo ranlegen, wenn man mal weinen möchte bei seiner Mutter oder ein Geheimnis erzählen vor Weihnachten oder sonst. Nur einer Mutter, die wie ein Kissen ist vorne, kann man Geheimnisse sagen, – nie würde ich es tun bei einer, die ist wie hartes Holz. Denn an so einer ist ja nirgends ein Versteck, aber ich möchte auch nicht, daß meine Mutter dick wäre wie die Frau Meiser und so wie ein richtiger Globus. Meine Mutter soll sein wie meine Mutter.[32]

Dieses rührende Bild erklärt die Mutter zum emotionalen Rückzugsgebiet, das allzeit bereit ist, die Bedürfnisse des Kindes zu stillen. Bedürfnisse der Mutter, die das Kind notwendigerweise ausschließen, also all das, was eine Frau außerhalb der Erfüllung ihrer Mutterpflichten unternehmen mag, stören. Dennoch gibt es gleichzeitig eine kindliche Neugier auf die Frau, die hinter der Rolle der Mutter steckt und im System einseitiger Bedürfnisbefriedigung ausgegrenzt wird. Denn ein Kind kennt wohl keine Frau schlechter als seine eigene Mutter. Die Faszination, die vom Erkennen der „doppelten Existenz" der Mutter ausgeht, ist ein immer wieder auftauchender Topos in Autobiographien. Die Szene ist jedesmal die gleiche: Die Mutter tritt festlich gekleidet an das Bett des Kindes, um sich von ihm zu verabschieden, bevor sie auf einen Ball oder eine Einladung geht. Hier die Variante bei Walter Benjamin:

Meine Mutter hatte ein Schmuckstück von ovaler Form. Es war so groß, daß man es auf der Brust nicht tragen konnte, und so erschien es jedesmal, wenn sie es antat, an ihrem Gürtel. Sie trug es aber, wenn sie in Gesellschaft ging; zu Hause nur, wenn wir selber eine hatten. Es prunkte mit einem großen, blitzenden und gelben Steine, der die Mitte war, und einer Anzahl mäßig großer, die in vielen Farben – grün, blau, gelb, rosa, purpur – ihn umstanden. Dies Schmuckstück war, sooft ich es erblickte, mein Entzücken. Denn in den tausend kleinen Feuern, die aus seinen Rändern schossen, saß, vernehmlich, eine Tanzmusik. Die wichtige Minute, da die Mutter es der Schatulle, wo es lag, entnahm, ließ seine Doppelmacht zum Vorschein kommen. Es war mir die Gesellschaft, deren Sitz in Wahrheit auf der Schärpe meiner Mutter war; es war mir aber auch der Talisman, der sie vor allem schützte, was von außen bedrohlich für sie werden könnte. In seinem Schutze war auch ich geborgen. [...] Und wenn dann meine Mutter, trotzdem sie im Hause blieb, nur flüchtig kam, um mir Gute Nacht zu sagen, fühlte ich verdoppelt, welch Geschenk sie sonst mir um diese Zeit aufs Deckbett legte: Das Wissen um die Stunden, die für sie der Tag noch hatte, und die ich getrost, wie einst die Puppe, in den Schlummer mitnahm. Es waren diese Stunden, die mir heimlich, ohne daß sie es wußte, in die Falten der Decke fielen, die sie mir zurechtzog, und eben diese Stunden, welche selbst an Abenden, da sie im Fortgehen war, mich trösteten, wenn sie in der Gestalt der schwarzen Spitzen ihres Kopftuchs, das sie schon umgenommen hatte, mich berührten. Ich liebte diese Nähe, und was sie an Duft mir zugab; jede Spanne Zeit, die ich im Schatten dieses Kopftuchs und in der Nachbarschaft des gelben Steins gewann, beglückte mich mehr als die Knallbonbons, die mir im

Kuß für morgen früh von ihr versprochen wurden. Wenn dann von draußen mein Vater nach ihr rief, erfüllte mich bei ihrem Aufbruch nur noch Stolz, so glänzend sie in die Gesellschaft zu entlassen. Und ohne es zu kennen, spürte ich in meinem Bette, kurz bevor ich einschlief, die Wahrheit eines kleinen Rätselworts: „Je später auf den Abend, desto schöner die Gäste.“[33]

Die Gesellschaft, zu der die Mutter aufbricht, eröffnet dem Knaben Walter Benjamin für einen Moment jenen distanzierenden Spalt, durch den die Mutter als Frau zu erblicken ist. Das ovale Schmuckstück ist das Signal für diesen fremden Blick und gleichzeitig Symbol für das andere Wesen, das die Mutter jenseits der erfahrbaren Welt des Kindes ist. Das Schmuckstück zeigt aber auch, daß der Ursprung des Widerspruchs zwischen dem Dasein als Frau und als Mutter nicht allein in der Ausgrenzung ihrer Geschlechtlichkeit liegt, sondern in der Folge eine ganze Lebenshaltung mit all den Ausprägungen ihres kulturellen Stils verschwinden läßt. Ein komplettes Weiblichkeitsprogramm hat für eine Mutter sein Ziel verloren. Wie immer der Stil dieses Programms ausgesehen haben mag, ob mädchenhaft, schüchtern, verspielt, burschikos, elegisch oder voll jenen Raffinements des Schmückens, Lockens, Verführens – er bezieht seinen Elan aus der Situation, noch über Optionen für die eigene Zukunft zu verfügen. Hingegen kann man eine Mutter geradezu definieren als eine Frau, die im privaten und geschlechtlichen Bereich alles gefunden hat oder haben sollte, was es zu suchen gibt. Sie kann bestenfalls noch Restformen ihres früheren Stils an den Tag legen zur Erhaltung des familiären Status quo. Was mit der Saturiertheit des Gefundenhabens verloren geht, ist weit mehr als ein auf ein bestimmtes Ziel gerichtetes Verhalten. Denn das Ziel ist erst definiert, wenn es erreicht ist. Ab dann gilt es, das Erreichte zu bewahren. Der Habitus des Erhaltens entwickelt einen Stil mit dem Signum Mütterlichkeit. Solange das Ziel noch diffus als ein Spektrum des Erwartbaren, wie ein Bündel offener Wege, in der Zukunft liegt, wird jener andere, erotische weibliche Lebensstil produziert, für den es bezeichnenderweise keinen eigenen Begriff gibt.

Keto von Waberer kennzeichnet ihn in ihrem Roman „Blaue Wasser für eine Schlacht" mit dem Attribut des Übermütigen. In diesem Roman sind die verschiedenen weiblichen Lebensstile durch Verwandtschaft miteinander verflochten. Marie wurde von ihrer Tante Paula großgezogen und trachtete danach, deren ungebundenen Lebensart zu entkommen. Gemeinsam mit ihrem Mann will sie der Tochter Bettina eine freundlichere, unschuldigere Kindheit bieten, als sie selbst sie bei ihrer legeren Tante genoß. Den Zwängen dieser heilen Kindheit entkommt Bettina durch die Verbindung zu eben dieser liebevollen, aber moralisch nicht sehr strengen Tante Paula. Auf Besuch bei ihr fühlt sich Bettina viel wohler als in ihrer Kinderwelt daheim. Durch den Vergleich beider Lebensstile kann sie ihr latentes Unbehagen an ihrer gewohnten Umgebung festmachen. Beim heimlichen Stöbern in den Sachen ihrer Großtante Paula findet sie ungeahnte Spuren von der Frau, die ihre Mutter, Marie, früher einmal gewesen war:

Sie erschrak. Aus dem Halbdunkel der Schublade schaute Tante Paula ihr von einem großen Foto entgegen, so eindringlich und starr, daß sie fast die Schublade wieder geschlossen hätte. So hatte sie den Fotografen angesehen. Die Hand zwischen den Brüsten, die nur halb vom Kleid bedeckt waren, lag sie dort seltsam unnatürlich wie eine große Ansteckblume. Sie schob das Foto beiseite. Darunter kam Ludwig als Kind zum Vorschein, in viel zu großen Hosen hing er an Maries Hand, verlegen lächelnd und fast haarlos. Wieder Marie, Marie auf einem Pferd, lachend mit Haaren, die im Wind zu Berge standen. Bettina konnte sich ihre Mutter nicht vorstellen auf einem Pferd und mit diesem übermütigen Gesicht. So war sie gewesen, ehe Bettina geboren wurde. Was hatte sie so verändert, daß Bettina sie kaum erkannte? Marie hatte hier gelebt, in dieser Wohnung, mit Paula. Das Schlafzimmer sah aus, als hätte es Marie nie betreten. Im Haus der Eltern war alles ordentlich und sauber, im Schrank lagen die Kleider gestapelt, in den Regalen standen die Bücher in einer Ordnung, die man nicht zerstören durfte. In Tante Paulas Zimmer häuften sich Kleiderberge neben der Kommode, Schuhe lagen zwischen Staub und Zeitungsblättern unter dem Bett. Bettina sah schmutzige Wäsche in einem kleinen Schaff vor dem Fenster stehen. Das Zimmer roch nach Tante Paula. Marie erlaubte Bettina nicht, sich auf Maries Bett zu legen, wenn sie zu ihr ins Zimmer kam. Das Bett hatte einen weißen Überwurf. Alles stand immer an seinem Platz. „Die Unordnung nimmt überhand“, sagte Marie gequält, wenn Bettina ihre Jacke im Wohnzimmer liegen ließ. Marie kämpfte jeden Tag mit der Unordnung seufzend und unermüdlich. Wie hatte sie hier leben können?[34]

Die Tochter entdeckt den Übermut im Gesicht der Mutter. Diese Entdeckung wirft bei ihr, die selbst an der Schwelle steht, eine Frau zu werden, die Frage auf, wie diese Frau sich so sehr hat ändern können, dadurch, daß sie ihre Mutter wurde.

Viel verlangt ist es von einer Mutter, wie ein Kissen zu sein und gleichzeitig ihre erotische Weiblichkeit transparent zu lassen oder sie spätestens dann wieder hervorzukramen, wenn die Kinder erwachsen werden. In dieser Phase werden vor allem jene Tanten wichtig, die einen anderen Weg eingeschlagen haben als die Mutter oder die selbst noch keine eindeutigen Schritte unternommen haben, ihre biographischen Entwürfe durch Mütterlichkeit festzulegen – Frauen, die den erotischen Umgang mit der Welt noch haben. Nie ist es nur eine Person, die antithetisch zur Mutter die Entwicklung weiblicher Identität anbahnt. Fiktive Gestalten aus Romanen, idolisierte Figuren des öffentlichen Lebens, Freundinnen oder deren Mütter oder Schwestern liefern auf unterschiedlichste Weise Anschauungsmaterial für diesen Prozeß. An diesen Personen läßt sich, da sie „von außen" erlebt werden können, studieren, was eine Frau außer Mutter noch alles sein kann. Eine Tante jedoch besitzt eine zusätzliche Qualität: Mit ihr verwandt zu sein, legt nahe, etwas von dieser Frau bereits in sich selbst zu tragen. In der Auseinandersetzung mit dem Lebensentwurf der Tante kann man die eigenen Anlagen immer gleich mitdenken. Das geschieht etwa mittels einer

Ähnlichkeit zwischen Nichte und Tante. So sieht die Fürstin Marie zu Erbach-Schönberg Prinzessin von Battenberg eine deutliche Parallele zwischen sich und ihrer Tante, der Kaiserin Maria von Rußland:

> *Über die Kaiserin selbst sage ich nichts. Ich erinnere mich aber noch genau, daß sie mir sehr gefiel und imponierte. Sie war groß und sehr schlank, fast zu zart und zerbrechlich. Ihre Züge glichen denen Onkel Karls, und sie hatte große, dunkelblaue Augen und gewelltes braunes Haar. Ihre Hände fielen mir damals schon auf und die Bewegungen, die sie damit beim Sprechen machte. Sie redeten eine Sprache für sich, und in späteren Jahren glichen ihnen die meinigen in auffallender Weise, nach Aussage ihrer Kinder. Auch in der Haltung und im Gang soll ich an sie erinnern. Im Wesen leider erreichte ich nie ihre unbeschreiblich mütterliche Herzensfreundlichkeit, mit der sie alle für sich gewann beim ersten Lächeln schon.*[35]

Einer imponierenden Person ähnlich zu sein, verhilft über die Identifikation mit ihr zu einer positiven Selbsteinschätzung und Bestärkung der eigenen Anlagen. Die Ähnlichkeit mit der Tante ist über die Verwandtschaft mit ihr herzuleiten. Sie kann – anders als die Ähnlichkeit mit der Mutter – nicht verpflichtend und ohne Konkurrenz festgestellt werden. Denn die Ähnlichkeit mit der Mutter ist determinierend, man muß sich ihr stellen, aus ihr etwas machen oder gegen sie arbeiten. Die Ähnlichkeit mit der Tante kann man aufnehmen, Parallelen sehen oder sie sich zunutze machen. Ist sie die Schwester des Vaters, läßt sich die Ähnlichkeit sogar gegen die Mutter ins Feld führen. Die Gründe für eine Ähnlichkeit sind durch die gemeinsame Abstammung hinreichend, doch sie sind nicht notwendig, stammt man doch nicht von ihr ab.

In dem Mädchenroman „Nina und Ninette" lernt das Mädchen Nina die Cousine ihrer Mutter und das schwarze Schaf der Familie, Ninette, erst mit elf Jahren kennen. Bereits bei der Begrüßung eröffnet sich der Nichte, daß sie ihre persönlichen Eigenheiten der verblüffenden Ähnlichkeit mit ihrer Tante zu verdanken hat:

Als mein Schluckauf endlich aufhörte, sagte ich zu Ninette: „Wir sollen uns angeblich sehr ähnlich sein."

„Sooo?" machte sie langgezogen und hörte ebenfalls zu hicksen auf. Sie betrachtete mich mit schiefgelegtem Kopf und schien zu überlegen, ob es für sie eine Ehre war, als Kind so gewesen zu sein wie ich.

„Du ißt nicht sehr gern, stimmt's?" Ich nickte. „Bist schwach in Mathematik und gut in Aufsatz." Ich nickte heftiger. „Ziehst dir gern bunte Klamotten an, spielst Theater und erzählst selbsterfundene Geschichten." Ich verfiel in stummes Dauernicken. „Du turnst ganz prima, spielst Klavier, kannst aber das Üben nicht leiden. Du hörst gern Musik, aber wenn du singst, singst du falsch, und deine Stimme klingt wie eine Blaulichtsirene." Sonja und Bärbel kicherten. Ninette überhörte es. „Du träumst davon berühmt zu werden, und kriegst jedes Jahr den Heuschnupfen."

„Genau", rief ich verblüfft. „Hat dir das Oma erzählt?"

„Nicht alles." Ninette lächelte. „Aber ich kenne das kleine Mädchen, das du bist. Wenn ich dich ansehe, schau' ich wie in einen Spiegel."[36]

Den Folgen dieser verbindenden Ähnlichkeit zwischen Nichte und Tante geht Doris Lessing in ihren beiden Jane Somers-Romanen nach. Die Tante, Jane Somers, beobachtet die Entwicklung, die ihre Nichte Jill vom behüteten, schüchternen Mädchen aus der Provinz zur attraktiven und selbständigen Londoner Journalistin unter ihren Fittichen macht. Die Ähnlichkeit mit der Tante ermutigt die Nichte, sich von ihrem Elternhaus und der dort gelebten Kultur zu trennen. Wieder ist es die Tante, die beim Wiedersehen die Ähnlichkeit mit der Nichte feststellt, und es ist die Nichte, die auf den Gemeinsamkeiten mit der Tante aufbauend, den Sprung in ein neues Leben wagt:

Sie kam. Ich muß zugeben, sie gefiel mir. Ein großes, schlankes, ausgesprochen reizvolles Mädchen. Gertenschlank sagt man wohl dazu. Muß auf ihre Haltung aufpassen. Glattes dunkles Haar: könnte leicht strähnig und glanzlos aussehen. Riesige graue Augen: meine. Ich beobachtete, wie ihre Augen alles in meiner Wohnung einsogen: Hatte sie vor, später einmal bei sich alles genauso zu machen? Oder war es vielleicht Teenager-Rebellion? – aber nein, sie legte sich zurecht, wie sie sich hier bei mir einfügen würde.

„Ich möchte hier bei dir wohnen, Tante Jane."

„Du möchtest bei Lilith arbeiten, an meinem schikken, eleganten, aufregenden Leben teilhaben?"

„Ich bin achtzehn. Studieren mag ich nicht, hast du ja schließlich auch nicht getan, stimmt's?"[37]

Was sich im Leben der jungen Nichte nicht deckt mit dem Stil des Alles-Gefunden-Habens im Haus der Eltern, kann sie unter Berufung auf die Schwester der Mutter entwickeln. Eine Familienähnlichkeit, die nur sie beide geerbt haben, jener gleiche Drang nach Unabhängigkeit und Selbständigkeit, der sich in ihren gleichen Augen niederschlägt, verbindet die beiden miteinander.

Doch die realen Ähnlichkeiten sind Symbole für eine tiefere Verwandtschaft des Wesens, die sich erschließt über die Bewegung der Hände, den Ausdruck der Augen oder des Lachens. Elisabeth Freundlich ortet in der Saga ihrer eigenen Familie, „Der Seelenvogel", ein geheimes Band zwischen sich und ihrer Großtante Lotti. Diese Verbundenheit eröffnet Distanz zum und einen Spielraum im kulturellen System der gesamten Familie:

Von niemandem etwas brauchen, sich selbst sein Brot verdienen, lieben, daß man vor Sehnsucht sterben möchte, seine Hetz haben, seine Pflicht tun und sein Liebstes bis zum letzten Tag mit Nägeln und Zähnen verteidigen – das warst du, Tante Lotti, und das scheint mir in den Wirren unseres heutigen Lebens fast als der Weisheit letzter Schluß.

Wodurch bist du so viel kräftiger und so viel besser, so viel gütiger und so viel großzügiger gewesen als die übrigen der Familie? Vielleicht deshalb, weil du gewußt hast, daß Lieben „vor Sehnsucht fast sterben" ist; und auch des-

halb, weil du gewußt hast, was das ist, „seine Hetz haben". Und weil die anderen das nicht wußten, nur sittenstrenge Frauen und Mütter waren, nur an Pflicht dachten, nie Grenzen überschritten und nie ihre Hetz hatten. Ist es das, Tante Lotti, was die Kraft und den Gleichmut fürs Leben gibt? Ich höre dein Lachen, Tante Lotti, dein lockendes, werbendes, nicht ganz wohlanständiges Lachen, und ich höre auch mich, deren Lachen immer eine Spur zu laut, immer etwas anders gewesen ist, als das der übrigen."[38]

Die Stärke dieses Angebots liegt darin, daß es als Abweichung zu dem als selbstverständlich empfundenen familiären Lebensstil wahrgenommen wird. Von Bedeutung ist der Unterschied an sich und das Vermögen der Nichte, im individuellen Lebensstil der Tante die prinzipiell ähnliche Lebensform der offenen Möglichkeiten wiederzuerkennen. Darin tut sich neben der verwandtschaftlichen Ähnlichkeit eine weitere Analogie zwischen Nichte und Tante auf. So vertraut die Mutter auch sein mag, ihre Rolle voller Verantwortung und Gebundenheit ist der Tochter fremd, gar bedrohlich und weit weniger anziehend als das Leben einer Tante, das ohne Bindungen und Verpflichtungen leichter für sie nachzuvollziehen ist. In ihrem Roman „Die im Dunkeln sieht man doch" hat Ruth Rendell die Faszination der nicht familiär gebundenen Lebensform einer solchen Tante mit einem Stil pedantischer Mustergültigkeit und dem perfektionistischen Charme einer Barbie-Puppe verbunden:

Außerdem freute ich mich auf das Zusammensein mit Eden. Elfjährige müssen wohl immer irgendeinen

Schwarm haben, und die Trennung hatte meine Heldenverehrung noch stimuliert … Eden war schön, elegant, sicher und selbstbewußt. Sie war zwar erst achtzehn, aber sie war die Schwester – nicht die Nichte! – von Erwachsenen und wurde von ihnen mit dem Respekt behandelt, der einer Altersgenossin gebührt. Sie hatte die Schule abgeschlossen und eine Stellung angenommen. Eden würde ich mir zum Vorbild nehmen. Im Zug nach Colchester überlegte ich, ob ihr Haar noch den gleichen leuchtenden Goldton hatte und ob ich mir wohl die Haare färben könnte, ohne daß es jemand merkte. […]

Nachts teilte ich das Zimmer mit Eden. Sie hielt sich an ihre Ankündigung, sich im Dunkeln auszuziehen und zu Bett zu gehen, aber in Mondnächten wurde es nur mäßig dunkel, und manchmal war ich noch wach, wenn sie nach oben kam, stellte mich aber schlafend. Das Geschäft des Auskleidens vollzog sich auch ohne Licht überaus sittsam, erst zog sie Kleid oder Bluse aus, dann streifte sie das Nachthemd über den Kopf und schlüpfte rasch aus der Unterwäsche. Edens Nachthemden waren alle aus feinem rosa oder weißen Battist, von ihr oder von Vera am Hals und an den Handgelenken, manchmal auch am Saum, bestickt, Nylon war damals schon erfunden, es dauerte allerdings noch eine Weile, bis es zu uns gelangte. Im Dunkel oder Halbdunkel setzte sich Eden dann an den Ankleidetisch, „reinigte" das Gesicht, wie damals (und vielleicht noch heute) von Frauenzeitschriften empfohlen, und massierte Nährcreme ein. Das Haar wurde zu kleinen Würsten gerollt und mit Klemmen festgesteckt, über diese Konstruktion kam ein rosa Chiffon-

tuch. Eden trug beim Schlafen ... weiße Baumwollhandschuhe zwecks Pflege ihrer Hände. Schlaf vortäuschend und laut und regelmäßig atmend, folgte ich dieser allnächtlichen Prozedur voller Bewunderung, ja, voll Neid.[39]

Erst als die Tante heiratet und (anscheinend) ein Kind bekommt, ändert sich die Einstellung der Nichte zu ihr. Dann eifert sie ihr nicht länger nach oder will sein wie sie. Denn die Tante verhält sich in ihren Augen dann nicht mehr wie eine bewundernswerte Frau, sondern schlicht so, wie „Mütter eben sind". Dabei wird die junge Tante als die eindeutig verklemmteste Figur im Roman charakterisiert, die ihre ganze Hingabe der Vervollkommnung ihrer eleganten Erscheinung widmet. Trotz ihrer Sterilität verehrt die Nichte sie wie einen Schwarm. Denn im Gegensatz zu den anderen Frauengestalten liegt vor Tante Eden eine offene Zukunft. Dadurch wird der Nichte die Battistnachthemden-Erotik der Tante zum Inbegriff weiblicher Vollkommenheit. Ihr Stil ist ein völlig anderer als der selbstverständliche der Mutter. Er vergegenständlicht in den Augen der Nichte all das, was die Lebensform der kinderlosen, nicht verheirateten Frau als kulturelles Muster im Habitus der offenen Optionen nach sich zieht. Mit der Schwangerschaft der Tante als einer Eingrenzung dieser Freiheiten erlischt die Bewunderung der Nichte.

Als gegensätzliche Ausdrucksformen von Weiblichkeit stehen sich die unterschiedlichen kulturellen Lebensstile zuweilen feindlich, zumindest rivalisierend gegenüber. In dem gleichen Roman, „Das Mädchen, mit dem die Kinder nicht verkehren durften", in dem Irmgard Keun ihre Protagonistin eine Mutter als Kissen definieren läßt, geht sie auch auf die Konkurrenz der verschiedenen Weiblichkeitsformen ein:

> *Ich habe meine leidenschaftliche Liebe Rena Dunkel zu verdanken. Sie ist geschieden und eine entfernte Cousine von meiner Mutter und seit sieben Wochen zu Besuch bei uns. Tante Millie kann sie nicht leiden, meine Mutter kann sie nicht leiden, – alle Frauen können sie nicht leiden. Dabei hat sie mir einen Brief gezeigt von einem wunderbaren Mann, der schrieb: sie wäre schön wie ein Engel Gottes. Und das ist sie. Sie hat ein Nachthemd aus ganz weicher blauer Seide und Haare wie Gold und Wimpern wie kleine, schwarze Fächer. Jeden und jeden Abend kommt der Herr Kleinerz jetzt zu uns, seit die Rena da ist, – und nie sagt mein Vater mehr ein lautes Wort zu mir mittags bei Tisch, seit die Rena da ist. Meine Mutter hat zu Tante Millie gesagt: es wäre ihr lieber, mein Vater würde von Zeit zu Zeit wieder jähzornig sein und schimpfen wie früher.*
>
> *Die Rena lacht immer. Aber manchmal ist sie den ganzen Vormittag über im Badezimmer und sitzt in der Badewanne stundenlang. Sie hat gesagt, sie hätte morgens manchmal Depressionen – das sind Traurigkeiten und die würden am schnellsten besser, wenn sie badete. Ich darf immer nur höchstens zwanzig Minuten im Wasser bleiben, aber wenn ich groß bin, mache ich es wie die Rena. Die liest Bücher in der Badewanne und raucht Zigaretten in der Badewanne. Tante Millie sagt: das wäre*

lasterhaft und paßte durchaus zu einem Gesamtbild, das sie sich gemacht hatte.

Nachts sitzt die Rena manchmal auf meinem Bett und weint und spricht über die Liebe.[40]

Mit einer verliebten Tante läßt es sich freilich leichter über Liebe plaudern als mit einer Mutter, von der man will, daß sie wie ein Kissen sein soll. Das ist klassische Konkurrenz.

Das Prinzip läßt jedoch weit mehr Ausdrucksvarianten zu. Im Balanceakt der Entwicklung weiblicher Identität gilt es, einen individuellen Weg zwischen zwei Extremen zu finden. Die Extreme sind idealtypische Konstruktionen, die es als „reine Form" in der Realität nicht gibt. Es sind Bilder, die wie Mythen dazu dienen, das Äußerste einer Vorstellung zu fixieren, um sich der Realität gegenüber tüchtig verhalten zu können.

Das eine ist gekennzeichnet durch hohe Konzentration von Aktivität auf private, familiäre Prozesse und eine relativ passive Haltung gegenüber Öffentlichkeit und äußerem Geschehen. Das ist die Mutter. Sie hat für diejenigen, die sie versorgt, Heimat zu produzieren. Sie hat mehr zu geben, als sie erwarten darf. Sie wird nicht umschwärmt, nicht verwöhnt, sondern hat selbstverständlich da zu sein für andere.

Das andere Extrem hat keinen eigenen Namen, der seine Funktionen so präzise definieren würde. Ausdrücke wie „Diva" oder „femme fatale" kommen ihm vielleicht am nächsten. Damit ist eine Frauenexistenz gemeint, die im privaten Bereich mit Verehrung, Umworbenheit rechnen und sich dabei relativ passiv verhalten kann, weil sie durch ihre nach außen gerichtete Aktivität genügend Gründe schafft, begehrt zu werden. In Lebensstile umgesetzt, die sich deutlich den Extremen nähern, können sie in Rivalität miteinander geraten.

Als Entwürfe jedoch stehen die beiden Extreme komplementär zueinander und richten sich jeweils auf ein anderes Objekt oder Ziel. Das Objekt von Mütterlichkeit ist das Kind; das jener „femme fatale"-Attitude unverheirateter Tanten ist ein Mann – oder mehrere. Beide Objekte sind fokussierte Ziele, die im Empfinden der eigenen Optionenvielfalt von den heranwachsenden Töchtern oder Nichten kaum wahrgenommen werden.

Das Objekt für Mütterlichkeit ist ihnen wohlbekannt, denn das sind sie selbst, als Töchter, die mit Mütterlichkeit behandelt werden. Doch als Heranwachsende wollen sie sich von diesem Status lösen. Das andere Objekt, ein Mann, mag als ein abstrakter Anspruch vor ihnen liegen, doch ist es ihnen noch fremd: Der Lebensstil einer Rena Dunkel oder Tante Eden ist zwar faszinierend – ebenso wie jener verstohlene Blick auf die andere, nicht mütterliche Existenz der eigenen Mutter als Frau –, doch verweist er die Nichte auf den Platz der Beobachterin, die ein wenig teilhaben darf, die Tante bewundern darf, selbst aber ausgeschlossen ist aus dem Objektbereich ihres Lebensstils.

Doch es gibt auch solche Tanten, die sich nicht auf ein bestimmtes Objekt einschränken, sondern Kinder, Männer und die ganze Welt mit jenem schwer faßbaren Stil des Eros in ihrem ganzen Tun umgeben. Sie sind nahe Vorbilder, die mit ihren Nichten die Offenheit zukünftiger Möglichkeiten teilen, sie in ihre Lust am Umgang mit der Welt einbeziehen und als junge Frauen den sexuellen Teil davon nicht aussparen. Sie sind ein Gegenbild zur Mutter, das keine Feindschaft provoziert.

Eros ist die attributive Hausmacht dieser meist jungen, lebenslustigen Tanten. Wenn sie auf Besuch sind, können sie gleich ein ganzes Haus und all seine BewohnerInnen beleben, wo sonst der Geist mütterlicher Pflichterfüllung regiert. Eine solche Tante versieht alles, was ihr begegnet, mit ihrer Sinnlichkeit – solange sie nichts gefunden hat, worauf diese zu konzentrieren wäre. So leicht sie ihren Eros entfaltet, so rasch ist er in ihrer Gegenwart auch zu vernehmen. Tante Aimée etwa vermittelte ihren Nichten und Neffen, daß selbst die erschwerende Bedingung, von preußischem „Stand" zu sein, für eine Frau nicht notwendig bedeutete, für „Kartoffeln mit Stippe" (wie Ilse Gräfin von Bredow ihre Erinnerungen überschreibt) zuständig zu sein:

> *In der Verwandtschaft hieß sie die „wilde Emma". Mutter nannte sie ein „enfant terrible" und Vater eine „Augenweide" oder, wenn er Mutter ärgern wollte, „den Lichtblick deiner Familie" [...] Aimée, wie sie sich nennen ließ, war unsere jüngste Tante, und die Geschichten, die man sich bei den Familienzusammenkünften über sie erzählte, fanden auch wir Kinder hochinteressant ... Wo sie auftauchte, war etwas los, auch wenn sie nichts Besonderes anstellte. Sie ging mit Onkel Karl in Berlin in den „Wintergarten", und schon platzte während der Wasserpantomime das Becken. Die Ballettmädchen wurden ins Orchester geschwemmt, und Onkel und Aimée saßen bis zu den Knien im Wasser. [...]*

Mit Tantchen kam Leben in die Bude, wie mein Bruder Billi es ausdrückte. Ihre ungestüme Fröhlichkeit ließ das Haus erzittern. Sie sang Lieder wie „Der Neger hat sein Kind gebissen" oder „Was kann der Sigismund dafür, daß er so schön ist", ritt Wintermärchen zum Schmied und begleitete Vater in Billis Schmierstiefeln in den Wald. Gemeinsam mit unserer Hauslehrerin probierte sie neue Schönheitsmittel aus, klatschte sich Eigelb mit Quark vermischt ins Gesicht und benutzte fleißig zur Hüftmassage Fräulein Webers Punktroller, der wie ein Nudelholz aussah.[41]

Nichten und natürlich auch die Neffen erfahren den Eros der Tante als ein Medium, mit dem sie das Wissen um die Vielfältigkeit des weiblichen Repertoires erweitert. Während die Mutter maßgeblich die familiären Konventionen prägt, läßt die junge Tante andere, fremde Standards einfließen, kann sich – wenn sie so willkommen ist wie Tante Aimée – über die Konventionen hinwegsetzen, mit ihnen spielen. Und selbst die Mutter kann sie begeistern mit ihren Erlebnissen aus einer heiteren Welt des pflichtvergessenen Lebens, aus ihrer verantwortungsfreien Sphäre des „Noch-nicht-gefunden-Habens", der die Mutter selbst längst entrückt ist. Die Fähigkeit des erotischen Umgangs mit der Welt ist ja auch ein gewisser Luxus, den sich eine in Alltagspflichten verwobene Mutter in der Regel nicht mehr erlauben soll. Doch manche haben sich Reste davon erhalten:

Wann immer meine Mutter genug hatte von allem, von uns Kindern, dem Lärm, den wir machten, vom Aufräu-

men, vom Wäsche waschen, Nase putzen, dann zog sie ihre grüne Joppe an und stiefelte in den Garten. Dort ackerte sie wie wild, riß sogar einmal vor unseren erstaunten Augen einen Baum um, der ihren geliebten duftenden Azaleen zuviel Wasser nahm. Oder sie hockte selbstvergessen über dem Unkraut, zupfte, zerkrümelte die Erde, oder sie klopfte mit ihren schönen Händen, die soviel von der Liebe zu dieser Arbeit sprachen, die Erde über einem Setzling fest. Und wehe, sie wurde in ihrer Versenkung gestört! Dann standen, sobald sie sich unwillig erhob, einzelne Strähnen ihres sonst so wohl frisierten Haars wie schwarze Flammenzungen von ihrem Kopf ab – wir nannten das „Mamas Antennen". Erdverschmiert, murrend, aber wie ein trotziges Mädchen stapfte sie dem rufenden Störenfried entgegen.[42]

Nicht mütterlich und nicht als „Diva", sondern von dem einen die Szene, von der anderen die Dramaturgie, hatte sich diese Mutter eine Insel bewahrt, wo sie bei sich sein konnte und diesem Zustand Ausdruck verlieh mit ihrer greifbaren, sinnlichen Geschäftigkeit um ihre Pflanzen. Je mehr eine Mutter solche Momente des Frau-für-sich-Seins ihren Kindern vor Augen führen kann, um so weniger dringlich brauchen sie jene Tanten, die genau in dem Moment wichtig werden, in denen die Nichten und Neffen ein deutliches Sensorium zur Wahrnehmung ihrer eigenen Sinnlichkeit entwickeln. Doch bietet im allgemeinen die Mutterrolle wenig Nischen, jene andere, offene Weiblichkeit zu fühlen und zu leben. So werden die Tanten attraktiv, die eine Sinnlichkeit ausstrahlen, die man von der Mutter kaum kennt und auch nicht unbedingt kennen will, die anzieht, ohne zugleich bedrohlich zu sein.

Die Leidenschaften der Tante schließen Kinder nicht aus, da ja auch die Existenz von Nichten und Neffen der Tante nie verwehrt hat, ihren Bedürfnissen nachzugehen. Das Objekt, dem eine Tante durch ihre Art der Widmung Aura verleiht, wird zum Bestandteil kultureller Identität, wie es etwa Jean-Jacques Rousseau durch seine Tante Suzon erfahren hat:

> *Ich bin überzeugt, daß ich ihr den Geschmack oder vielmehr die Leidenschaft für die Musik verdanke, die sich in mir erst lange nachher entwickelt hat. Sie wußte eine erstaunliche Menge Melodien und Lieder, die sie mit einer dünnen, aber sehr anmutigen Stimme sang. Die Heiterkeit der Seele dieses ausgezeichneten Mädchens hielt von ihr und ihrer Umgebung Träumerei und Traurigkeit fern. Der Reiz, den ihr Gesang für mich hatte, war so groß, daß mir nicht nur mehrere ihrer Lieder stets im Gedächtnis geblieben sind, sondern daß heute, wo ich es verloren habe, solche, die ich seit meiner Kindheit völlig vergessen hatte, je älter ich werde, wieder lebhafter in der Erinnerung auftauchen und auf mich einen unbeschreiblichen Zauber üben. Sollte man es glauben, daß ich alter Schwätzer, von Sorgen und Kummer zernagt, mich manchmal dabei ertappe, zu weinen wie ein Kind, wenn ich diese kleinen Lieder mit gebrochener und zitternder Stimme singe? Eins vor allem ist darunter, dessen Melodie mir wieder ganz ins Gedächtnis zurückgekommen ist. […]*[43]

Die Liebe zur Musik schöpft Rousseau nicht aus dem Erhabenen des genialen Werks, sondern sie ist für ihn unentwirrbar verknüpft mit der Munterkeit und Sanftmut, der Heiterkeit der Seele seiner Tante Suzon. Auf diese Weise zur kulturellen Leidenschaft hingezogen, ist das Hören von Musik in seinem Selbst angelegt: ein anderes und tieferes Empfinden als der Genuß einer harmonischen Abfolge von Tönen. Es knüpft eine Beziehung ähnlich dem gemeinsamen Lied eines Liebespaars, das als „unser Lied" eine symbolische und emotionale Emphase auszulösen imstande ist, die sein Schöpfer nicht erahnt hätte und die eigentlich nicht mehr viel zu tun hat mit dieser Musik und doch erst ihre Bedeutung ausmacht – zumindest für die beiden.

In sein Lebensresümee aufgenommen ist die Erinnerung Rousseaus an seine Tante Suzon natürlich Teil seines Programms. Doch wer weiß, was ohne die Sinnlichkeit, mit der Tante Suzon in ihrer Musik lebte, aus der europäischen Romantik geworden wäre?

Tanten als Gründerinnen einer latenten Aufklärungskritik zu sehen, die offen erst in ihren Nichten und Neffen ausbricht, ist eine zu gewagte These bei der Zufälligkeit unseres empirischen Materials. Dennoch taucht sie auffällig gerne dort in der Erinnerung auf, wo die Zeiten besser gewesen zu sein scheinen. Dort knüpfen die Tanten ihr leidenschaftliches Tun, das fernab jeder Vernünftigkeit oder Verwertbarkeit angesiedelt ist, an einen auserwählten Gegenstand kultureller Praxis. Oft ist dies die Musik, der sie sich mit beispielhafter Hingabe widmeten und damit ihren Nichten und Neffen ein fortschrittsresistentes Terrain jenseits aller routinemäßigen Pflichterfüllung eröffneten.

Für Theodor W. Adorno war diese Erfahrung so fruchtbar, daß dieser „Komplex aus Musik, Kindheit, Sehnsucht Utopie“[44] zum Ausgangspunkt seiner Kritischen Theorie wurde:

Jene Musik, die wir die klassische zu nennen gewohnt sind, habe ich als Kind kennengelernt durchs Vierhändigspielen. Da war wenig aus der symphonischen und kammermusikalischen Literatur, was nicht ins häusliche Leben eingezogen wäre mit Hilfe der großen, vom Buchbinder einheitlich grün gebundenen Bände im Querformat. Sie schienen wie gemacht, umgeblättert zu werden, und ich durfte sie umblättern, längst ehe ich die Noten kannte, nur der Erinnerung und dem Gehör folgend. […]

Vierhändigspielen legten mir die Genien des bürgerlichen neunzehnten Jahrhunderts als Geschenk an die Wiege im beginnenden zwanzigsten. Die vierhändige Musik: das war die, mit welcher sich noch umgehen und leben ließ, ehe der musikalische Zwang selber Einsamkeit und geheimes Handwerk befahl. […]

So wenig man mehr Romane von entführten Klavierschülerinnen und entführenden Klavierlehrern auf Konservatorien erfährt, so wenig werden angesichts der Grammophon- und Radioautos mehr die vierhändigen Klavier-Equipagen traben oder galoppieren, mit den rhythmisch nickenden Köpfen der braven Pferde, die ihren erlauchten Mozart und ihren würdigen Brahms gefährdet zwar, doch stolz zum Ziel bringen. Das Vierhändigspielen ist zu einer Geste der Erinnerung geworden, und nur wenige leben, gewiß unter den Musikern, die die altmodi-

sche Kunst ausüben. Aber es wäre zu denken, daß manche Werke, die in ihrer orchestralen Größe mit gewaltigen Anstrengungen vergebens laut werden, sich nur der schüchternen Geste der Erinnerung offenbaren, die mit ihnen das Geheimnis teilt: als menschlicher Mensch Anteil zu haben am Leben der Gesellschaft. Wenn Einsame, die auf keine Zuhörer zu hoffen haben und keine zu fürchten brauchen, es gelegentlich mit dem Vierhändigspielen versuchten, so müßte es nicht ihr Schaden sein. Am Ende findet sich auch ein Kind, das ihnen umblättert.[45]

Das Kind, das die Noten umblätterte, war Adorno. Und die zwei, die als lebender Zweifel an der Moderne mit rhythmisch nickenden Köpfen musizierten, waren seine Mutter und deren Schwester Agathe – die Tante, die er seine „zweite Mutter“ nannte.

ANSTELLE VON
Wenn Tanten etwas ersetzen

Nicht jedes Kind, das seine Tante seine „zweite Mutter“ nennt, hat noch eine erste. Wenn es eine Mutter nicht mehr gibt, wird oft die Tante zum Ersatz für sie. Wohl die bekannteste literarische Tante in der Rolle einer Ersatzmutter ist Tom Sawyers Tante Polly:

Tante Polly stand einen Augenblick verdutzt da und brach dann in leises Lachen aus.

„Zum Kuckuck mit dem Bengel! Werd ich's denn nie lernen? Hat er mir nicht genug solche Streiche gespielt, daß ich mich endlich vor ihm in acht nehmen könnte? Aber die alten Narren sind die schlimmsten. Ein alter Pudel lernt keine neuen Kunststücke mehr, sagt das Sprichwort. Aber, du liebe Güte, keine zweimal spielt er sie mir auf die gleiche Art, und woher soll ein Mensch wissen, was das nächste Mal kommt? Anscheinend weiß er genau, wie weit er's mit mir treiben kann, bis mich der Zorn packt, und er weiß, wenn er mich auch nur einen Augenblick irre machen oder mich zum Lachen bringen kann, dann ist's wieder vorbei, und ich kann ihm nicht einen einzigen Schlag verabreichen. Ich tu meine Pflicht nicht an dem Jungen, wahrhaftig nicht, das weiß der liebe Himmel. ‚Wer sein Kind liebt, der züchtigt es‘, so steht's in der Heiligen Schrift. Sünde und Leid bring ich über uns beide, das weiß ich. Er steckt voller Teufeleien, aber du lieber Gott! Er ist ja schließlich der Junge meiner eigenen verstorbenen Schwester, der Ärmsten, und irgendwie hab

ich nicht das Herz, ihn zu prügeln. Jedesmal, wenn ich ihn so davonkommen lasse, setzt mir das Gewissen arg zu, und jedesmal, wenn ich ihn schlage, bricht mir fast das alte Herz."[46]

Tante Polly macht es sich nicht einfach. Nicht nur, daß sie Tom und seinen Halbbruder Sid bei sich aufnimmt und großzieht, sie orientiert sich dabei auch noch an ethischen Regeln, die ihr helfen sollen, der Pflicht gegenüber ihrer verstorbenen Schwester besonders gut nachzukommen. Herz und Gewissen geraten ihr darüber in Konflikt miteinander.

Wenn sie nach ihrem Herzen geht, bezieht sie sich darauf, daß er ja schließlich der Sohn ihrer Schwester ist. Hört sie auf ihr Gewissen, richtet sie sich als religiöse Frau aus einer sittenstrengen südstaatlerischen Kleinstadt danach, was die Bibel und der regionale common sense für die Anständigkeit eines Menschen vorschreiben. Letztendlich löst sich ihr Dilemma jedoch, indem sie Toms Lausbubencharme erliegt. Die Liebe zu ihrem Neffen überfällt sie, wenn er in Gefahr ist oder wenn er sie wieder einmal übers Ohr gehauen hat, und sie scheint selbst erstaunt darüber zu sein. Dann verfällt sie in einen Diskurs mit sich selbst über ihre vielschichtigen Gefühle zu ihm. Sie beobachtet und zensiert sich selbst und wahrt damit Distanz zu der Aufgabe, die sie übernommen hat. Tante Pollys Liebe zu dem Sohn ihrer Schwester ist so groß, daß sie über alle Anfechtungen, denen Tom sie aussetzt, siegt. Aber diese Liebe ist nicht selbstverständlich.

Schließlich ist Polly nicht seine Mutter, sondern „nur" seine Tante, ein Ersatz.

Und Tom? Er verschwendet nicht einen Gedanken an seine verstorbene Mutter. Ihm scheint es durchaus selbstverständlich zu sein, bei Tante Polly zu leben. Zwar stöhnt er unter ihren Strafmaßnahmen, hintergeht die Tante, wo er nur kann, doch liebt auch er sie und zeigt es, wenn sie es gerade nicht bemerkt. Er lebt so, als hätte es nie eine andere Möglichkeit zu leben für ihn gegeben. Das Haus der Tante ist sein Zuhause.

In den Jugendbüchern der heutigen Zeit wird durchaus die Frage nach der anderen Möglichkeit gestellt, die es gegeben haben könnte, wenn Kinder nicht wie üblich bei ihren Eltern leben. In Nina Bawdens Roman „Die versteckte Fotografie“ lebt Jane bei ihren Tanten Willie und Sophie. Ihre Mutter starb kurz nach ihrer Geburt, und die neue Frau ihres Vaters wollte sie nicht als ihr Stiefkind bei sich aufnehmen. In diesem Fall ist es die Nichte, die ihre Situation distanziert beurteilen kann:

Tante Willie ist Malerin. Sie malt bunte Stilleben und Blumenbilder – von allen möglichen Sachen, sogar von dem Unkraut, das bei uns im Garten wächst. Tante Sophie gibt Klavierunterricht und spielt Schlagzeug in einer Band. Dabei ist sie so klein, daß ich schon mit zehn größer war als sie. Tante Willie sagt, sie ist bestimmt die kleinste Schlagzeugspielerin der Welt. Aber sie ist sehr energisch und schnell. Wenn sie beim Kochen und Saubermachen durch die Gegend saust, hütet sich Tante Willie, ihr in die Quere zu kommen. […]

Diese Beschreibung hört sich an, als wären die beiden reichlich seltsam. Aber ich habe schon immer bei ihnen gelebt, und mir kommen sie ganz normal vor. Und viele Leute sind adoptiert. Daran ist nichts Merkwürdiges. Nichts, was einen zum Außenseiter macht. [...]

„Deine Tanten hätten dich nicht adoptiert, wenn dein Vater dich in seine Familie hätte aufnehmen können." „Ich weiß nicht." Das will ich auch nicht wissen, dachte ich. Ich sagte: „Wenn ich bei ihnen gelebt hätte, bei meinem Vater und IHR, dann wäre ich nicht ich. Ich wäre jemand ganz anderes."

Ich kam mir bereits anders vor. Irgendwie nicht ganz vorhanden. Ich sagte: „Okay. Es macht mir nichts aus, wenn du recht hast, daß SIE mich nicht mag. Ich bin sogar froh darüber. Denn wenn sie mich gemocht hätte, wären mir Tante Willie und Tante Sophie ganz entgangen."[47]

Vielleicht beschreibt die Nichte deshalb ihre beiden Tanten wie ein gemeinsam ergrautes Ehepaar, um ihrer Außenseiterinnenexistenz, gegen die sie angeht, wenigstens einen Anstrich von Normalität zu geben. Normal bedeutet: bei den Eltern aufzuwachsen. Und wenn man schon nicht von einer Frau und einem Mann großgezogen wird, sondern von zwei ledigen Tanten, soll am besten eine von ihnen, Tante Willie(!), den männlichen Part durch scheinbar männliche Attribute wie etwa das, für Hausarbeit untauglich zu sein, ersetzen. Denn ansonsten verhalten sich die beiden Tanten im Verlauf der Geschichte wirklich recht normal.

Für Jane ist es zwar nicht selbstverständlich, bei ihnen zu leben, doch sie lebt gerne bei ihnen. Den Verlust der leiblichen Mutter beklagt, ja reflektiert sie nicht einmal.

Von der Liebe, Klugheit und Fürsorge der Tanten umgeben, fühlt sie sich in der von musischen Passionen erfüllten Atmosphäre im Haus der Tanten zuhause.

Ihre Stiefmutter Amy wird hingegen als eine moderne Variante der bösen Stiefmutter Grimmscher Märchen beschrieben. Sie ist hübsch, umsorgt liebevoll ihren Mann und ihre eigenen Kinder, lehnt aber die Stieftochter voll unkontrollierter Furcht- und Haßgefühle ab:

> *Als ich einen Blick riskierte, sah ich, daß Amy sehr hübsch war; mit dichten lockigen Haaren wie die von Annabel und riesigen strahlenden Augen, die von langen Wimpern umrahmt waren. [...]*
>
> *Amy kam über den Rasen gerannt. Sie hämmerte sich mit den Fäusten gegen die Brust und sah völlig verändert aus. Es war, als wäre ein Spiegel gesprungen und hätte ihr Bild in tausend Stücke zerschellen lassen. Aus dem gesprungenen Gesicht dieser Fremden starrten mir ihre Augen entgegen. Sie sagte: „Du böses Kind, laß endlich mein Baby in Ruh!"*[48]

Bei Schneewittchens Stiefmutter fällt die Beschreibung ähnlich, nur knapper aus: „Über ein Jahr nahm sich der König eine andere Gemahlin. Es war eine schöne Frau, aber sie war stolz und übermütig."[49] Die Stiefmutter im Märchen ist immer böse.[50] In aller Regel ist sie dabei auch noch alt und häßlich, und bestenfalls ihre Töchter sind, wie in „Aschenputtel" „schön und weiß von Angesicht", aber auch sie sind „garstig und schwarz von Herzen."[51] Oft wird auf die Stiefmütter auch noch das Hexenmotiv übertragen, wie bei

„Brüderchen und Schwesterchen", wo die Stiefmutter die Kinder zunächst so grausam behandelt, daß sie beschließen:

> *Seit die Mutter tot ist, haben wir keine gute Stunde mehr; die Stiefmutter schlägt uns alle Tage, und wenn wir zu ihr kommen, stößt sie uns mit den Füßen fort. Die harten Brotkrusten, die übrigbleiben, sind unsere Speise, und dem Hündlein unter dem Tisch geht's besser: dem wirft sie doch manchmal einen guten Bissen zu. Daß Gott erbarm, wenn das unsere Mutter wüßte! Komm, wir wollen miteinander in die weite Welt gehen.*[52]

Und dann verzaubert die Stiefmutter Brüderchen auch noch in ein Reh.

Die Bedeutung der Stiefmutter im Märchen ist vielschichtig und wird auf die unterschiedlichsten Weisen interpretiert.[53] Fest steht jedoch, daß die Stiefmutter nicht deshalb böse ist, weil sie eine Stiefmutter ist, sondern weil sie eine Figur darstellt, auf die als Gegenspielerin zum Guten Funktionen des Bösen übertragen werden können. Sie bringt das Fremde, die Bedrohung, Neid und Eifersucht, schwarze Magie und Grausamkeit in das System der Familie hinein, die nicht anders als heil sein darf. Durch den Ersatz der Mutter durch eine böse, fremde Frau wird die Mutter zum Prinzip des Guten. Relikte der verstorbenen Mutter, wie der Haselstrauch auf ihrem Grab, symbolisieren die Macht des Guten über ihren Tod hinaus und stellen die Kinder unter ihren Schutz. Als Abkömmlinge der Mutter sind die Kinder auch gut und fordern durch ihre Existenz das Böse, die Stiefmutter, heraus.

Nicht der Tod der Mutter und der Versuch der Stiefmutter, sie bei ihren Kindern zu ersetzen, macht sie zur Projektionsfläche für das Böse. Denn reine Pflegemütter sind im Märchen meist barmherzig, gut und fromm. Die Stiefmutter aber wird vor allem die Frau des Vaters. Diese Selbstverständlichkeit findet nur nebenbei als Erläuterungsklausel Erwähnung: „Übers Jahr nahm er eine neue Frau.“ Doch darin liegt die Ursache für den Konflikt zwischen Stiefmutter und Stiefkindern bei den Brüdern Grimm, die allerdings im Hintergrund bleibt. Der Vater selbst taucht als schwache, farblose und nebensächliche Figur innerhalb dieser Auseinandersetzung nur am Rande auf. Nicht nur sind die Kinder die Wahrer der alten Rechte ihrer toten Mutter, sie nehmen die Frau, die der Vater heiratet, als Frau und nicht als Mutter wahr. Nicht umsonst wird das Aussehen der Stiefmutter beschrieben, als alt und häßlich oder schön, aber stolz. Wie eine Mutter aussieht, erfährt man bei den Brüdern Grimm nie.

Über ihre Schönheit, den augenfälligsten weiblichen Wert, geraten Schneewittchen und ihre Stiefmutter miteinander in Konkurrenz. Doch der Streit, wer die Schönste im ganzen Land sei, ist ein allegorischer Kampf des Bösen gegen das Gute. Das Gute selbst, die Mutter, kann offenbar mit sichtbarer Weiblichkeit nicht ausgestattet werden. Daher schickt es seine schwächste Repräsentantin, Schneewittchen, weiß wie Schnee, rot wie Blut und schwarz wie Ebenholz, in den Kampf gegen das Böse und bleibt als Verstorbene im Hintergrund. Das Böse hingegen hat keine Heimat, aus dem es die Stiefmutter mit seinen Insignien ausstatten könnte. Die Frau, die den Vater geheiratet hat, ist die Gestalt des Bösen schlechthin. Ihre eigentliche Gegnerin ist nicht Schneewittchen, sondern dessen leibliche Mutter, und es kann gar keine Rede davon sein, daß sie ein Ersatz für diese sei.

Da sind Tanten, die sich der verwaisten Kinder annehmen, dabei Tanten bleiben und nicht zu Stiefmüttern werden, doch ganz anders. Im Märchen kommen sie allerdings nicht vor, da verwandtschaftliche Beziehungen zweiten Grades bereits zu komplex für den konträren Schematismus des Märchens sind. Und Märchen schildern ja auch keine realen Verhältnisse, sondern bieten Systeme zur Handhabung der Wirklichkeit an. Dabei war es in der vormodernen Realität sogar sehr häufig eine Schwester der Mutter, die der Vater nach deren Tod heiratete. Doch wurde sie durch diese Heirat zur Stiefmutter, die auch die Frau, also jenen Part der Mutter ersetzt, den die Kinder fasziniert, aber als losgelöste, fremde Erscheinung an der Mutter wahrnehmen. Den harmlosen, weil nicht in sexueller Verbindung zum Vater stehenden Status der Tante haben sie damit aufgegeben. Wenn die Tante als Ersatz der Mutter in Erscheinung tritt, ist ihr wesentliches Merkmal das, ausschließlich die Funktion der Mutter zu übernehmen und sonst nichts.

Doch selbst dann ist das Verhältnis zwischen einer Mutter und ihrem Ersatz nicht ganz spannungsfrei. Denn daran hat sich recht gut eine Diskussion um weibliche Ideale hängen lassen. Etwa zur gleichen Zeit, zu der die Brüder Grimm ihre Kinder- und Hausmärchen aufzeichneten, schrieb Johanna Schopenhauer ihren Roman „Gabriele“. Auf ähnliche Weise wie im Märchen konturiert Johanna Schopenhauer das Böse in Gestalt des Vaters, Baron Aarheim mit seinem versteinerten Herzen, und das Gute in der engelgleichen Erscheinung der Mutter, Auguste.

Augustens Natur war die reinste, alles opfernde Liebe. Schüchtern geworden in der ihr so unfreundlichen Welt, hatte sie sich immer tief verborgen gehalten und nur gestrebt, alles, was sie berührte, unbemerkt zu beglücken, bis sie in Gabrielen ein Wesen fand, bei dem es Pflicht ward, sich unverschleiert zu zeigen. Nun ward die mütterliche Liebe in ihrem so lange verwaist gebliebenen Gemüt zur hell lodernden Flamme der Leidenschaft. Sie zog Gabrielen mit sich in ihre schöne innerliche Welt, dort lebten Mutter und Tochter ein allen übrigen verborgenes, engelgleiches Leben in gegenseitigem Verstehen, wie diese Erde es selten birgt. Vertrauen auf Gott, Mut und Ergebung zum Schutz gegen die unvermeidlichen Stürme des Lebens wußte Auguste frühe dem jungen Herzen ihrer Tochter einzuflößen.[54]

Wie im Märchen stirbt die gute Mutter und überläßt ihre ebenso schöne wie gute Tochter Gabriele den Unbilden einer oberflächlichen und eitlen Welt. Doch anders als im Märchen bekommt Gabriele keine böse Stiefmutter, sondern wird von der gefallsüchtigen Schwester ihres Vaters aufgenommen.

Gabrielens Tante war eine der Frauen, wie man in großen Städten so viele findet, die mit wahrem Heldenmut allen ihren Neigungen geradezu entgegenhandeln, sobald der eben herrschende Ton es gebeut. Fünfzig Jahre früher ge-

boren, hätte sie, schwimmend in Moschus- und Ambra-Duft, mit aller damals üblichen Ziererei einer französischen petite Maitresse über Vapeurs geklagt, in Gesellschaft Gold gezupft, oder Trisett gespielt, und ihr Haus wäre eine Menagerie von Schoßhündchen und Papageien gewesen. Die Zeiten, in denen so etwas galt, sind aber vorübergezogen und Kunst und Wissenschaft jetzt bei uns an der Tagesordnung. So sah sich die Gräfin gezwungen, sich zur eifrigen Beschützerin derselben aufzuwerfen, wenn sie sich in dem Kreise, den sie die Welt nannte, geltend machen wollte, und die Langeweile nicht zu achten, welche sie dabei empfand.

Im Grunde waren ihr die Figuren in den Modejournalen weit lieber als alle Raffaele und Kunstgespräche, von denen sie nichts verstand; die Donaunixe oder Rochus Pumpernickel ergötzten sie weit mehr auf der Bühne als Goethe und Schiller, bei denen sie immerfort heimlich durch die Nase gähnen mußte; […] Dennoch wußte sie durch stete Anstrengung, geleitet von einem angebornen Taktgefühl, diesen ihr eignen Geschmack so künstlich zu verbergen, daß niemand merken konnte, wie sehr alles, wonach sie im Äußern strebte, ihr im Innern zuwider war.[55]

Böse, wie eine Stiefmutter geschildert wird, ist diese Tante nicht. Doch als Schwester des dem grausamen und alchimistischen Teufelswerk verschriebenen Vaters ist sie immerhin verführt von einer Welt, in der vor allem der Schein gilt. Dem Vergleich mit Gabrieles Mutter, die das personifizierte Wahre, Gute, Schöne gewesen war, hält sie nicht stand. Johanna Schopenhauer läßt Gabriele und ihre Mutter in einer verschwiegenen Gegenwelt leben und schildert ihr symbiotisches Verhältnis als Ideal der Mutterschaft. Zwischen der Welt der Mutter und der Welt der Tante läßt sie keinen Kampf entstehen. In beiden herrscht Unverständnis für die andere Art zu leben. Als schlechter Ersatz dient die Tante lediglich dazu, die Perfektion des Originals, der Mutter, zu erhöhen.

In der Mitte des vorigen Jahrhunderts entstanden im Zuge der Frauenrechtsbewegung erste Ansätze zur Relativierung dieses Ideals. Sie räumen ein, daß es Situationen gibt, in denen es verzeihlich ist, ihm nicht zu entsprechen, und daß hehre Mutterschaft ersetzbar ist – durch eine Tante:

Nehmen wir Violet Flint – ich habe mich oft gefragt, wie sie zu so einem passenden Namen gekommen ist. Das Veilchen ist das ihr angemessene Symbol – es lächelt, wenn es Frühling wird und auch noch im Spätherbst, ohne daß es besondere Pflege bräuchte, wenn es diese auch belohnt; man vernachlässigt und vergißt es, wenn die frohen Blumen des Sommers gehätschelt werden, und doch blickt es von seinem bescheidenen Platz mit immer dem gleichen fröhlichen Gesicht, hell und beständig, unbeschadet der plötzlichen Witterungsumschwünge des Herbstes und der Not des rauhesten Winters. So ist die Blume, und so ist Violet Flint … Seit zwanzig Jahren lebt sie mit ihrem Bruder Sam zusammen. Er hat früh geheiratet, und zwar eine arme Kranke, die, wenn man Napoleons Wertmaßstäbe anlegt, eine große Frau ist, da sie dem Staat neun oder zehn überwiegend rechtschaffende

Söhne und Töchter geschenkt hat. Nachdem die Kinder auf der Welt waren, ging deren Pflege und die der armen kranken Mutter auf Violet über. [...]

Sie spielt nicht nur die zweite Geige, sondern kommt wenn es um Vorrechte und Vergnügungen geht, als letzte dran und erhält am wenigsten. Das heißt, solange man den üblichen Kalkulationen der Selbstsucht folgt. Nach einem wahreren und edlerem Maßstab ist ihr Anteil der größere, denn sie hat Teil an jedem Glück, das sie in irgendeinem Lebewesen erblickt. Wie viele verheiratete Frauen gibt es, die alle Viertelstunde sagen: „Mein *Mann,* meine *Kinder,* mein *Haus*", *sich mit all diesen Kleinigkeiten brüsten und doch ihre Krone zu Füßen von Violet Flint niederlegen müßten, zu Füßen von Violet Flint, Miss Vily, der* alten Jungfer.[56]

In dieser Kurzgeschichte aus dem viktorianischen Amerika baut auf der Schwäche einer armen, kranken Mutter die Güte und Stärke der Tante auf. Die Autorin, Catharine Maria Sedwick, greift das Ideal der verheirateten Frau und Mutter zwar nicht an, doch sanktioniert sie auch in keiner Weise die Frau, die ihm nicht entspricht. Vielmehr geht es ihr darum, die Existenz der vorsätzlich ledig bleibenden Frau zu verteidigen. Als Ergänzung und partieller Ersatz zur schuldlos versagenden Mutter ergreift sie für die ledige Tante die Chance, ihr Alleinsein zu legitimieren. Das Nichtkönnen der Mutter rechtfertigt das Nichtwollen der Tante. In friedlicher Koexistenz übernimmt sie deren Pflichten gegenüber Haushalt und Kindern. Als „Ausnahmeideal" aufopfernder, selbstloser Weiblichkeit koppelt sie die Tugenden von der Rolle ab und erhebt sie zu universellen Funktionen. Es kommt darauf an, daß sie erfüllt werden – egal ob von der Mutter oder von ihrem Ersatz, der Tante.

Die „Generalrestauratorin des bürgerlichen Moralkodex", Hedwig Courths-Mahler, legt fast 100 Jahre später weit strengere Maßstäbe an. In dem Roman „Die Herrin von Retzbach" läßt sie keinen Zweifel daran, was sie von einer Frau hält, die ihr weibliches Repertoire so ausspielt, daß sie sich auf die Ausübung von Hausfrauen- und Mutterpflichten nicht reduzieren läßt:

Im Haushalt ging alles drunter und drüber, und die Dienstboten taten, was ihnen beliebte, denn Hortense von Billach hatte weder Lust noch Zeit, sich darum zu kümmern. Dazu war das Leben viel zu schön und zu lustig, und Hortense ließ sich nur verwöhnen und vergöttern. Sie war die süßeste und schönste Gattin, die man sich denken konnte – aber auch die untüchtigste und unvernünftigste.

Eine von jenen Frauen, die zärtlich und übermütig, ohne jede böse Absicht ihre Männer ruinieren und für die sich die Männer mit Freuden ruinieren lassen.

Hortense hatte nicht einmal Zeit für ihr einziges Töchterchen Anne-Rose, die im Äußeren der schönen Mutter glich, aber zum Glück neben der süßen Anmut und Schönheit nicht auch deren leichten Sinn geerbt hatte. Hortense nahm ihr reizendes Töchterchen wohl hier und da in einem duftigen, kostbaren Spitzenkleidchen zu einer Ausfahrt oder zu einem Spaziergang mit oder ließ sich mit ihm in ihrem Salon bewundern, aber sonst wußte sie mit der kleinen Anne-Rose nichts anzufangen.

Jost von Billach stand dem allem hilflos gegenüber, und dennoch war er im Besitz der entzückenden Frau unsagbar glücklich, zumal sie ihn auf ihre Art herzlich liebte.[57]

Eine Frau, die ihren Pflichten als Hausfrau und Mutter derart schlecht nachkommt, überlebt den Roman keine vier Seiten. An einem herrlichen Maienmorgen läßt Hedwig Courths-Mahler die unvernünftige, schöne Hortense ihr Leben aushauchen. Daran kann auch Tante Jettchen nichts ändern, die kurz zuvor erscheint, um den familiären Karren ihres Bruders aus dem Dreck zu ziehen:

Tante Jettchen gehörte zu den Frauen, die sich bescheiden im Hintergrunde halten, wenn man ihrer nicht bedarf, die aber sofort mit ihrer ganzen Persönlichkeit und mit aller Kraft zur Verfügung stehen, wenn es nötig ist. Sie fragte und forschte nicht lange [...]

Ohne Anmeldung stand sie eines Tages vor ihrem Bruder. Kurz und bündig erklärte sie ihm, daß sie gekommen sei, um ihm zu helfen, soweit es in ihrer Kraft stehe. Mit flinken, starken Händen griff Tante Jettchen in die Speichen des abwärtsrollenden Rades. Zunächst brachte sie einigermaßen Ordnung und Behagen in den vernachlässigten Haushalt, pflegte zart und liebevoll die schöne, kranke Schwägerin, der sie jeden Vorwurf ersparte, und die ihr wie ein leidendes Kind erschien, dem man nur gute, liebe Worte sagen konnte. Zugleich nahm sie sich der kleinen Anne-Rose, die damals zwölf Jahre zählte, mit zärtlicher Sorgfalt an. Anne-Rose schloß sich mit der Liebesbedürftigkeit ihrer jungen Seele an Tante Jettchen an, die trotz aller Arbeit immer für sie Zeit hatte.[58]

Das ist ein klarer Sieg der Moral der Gesinnung über den gesellschaftlichen Stand. Besser ein funktionierender Ersatz als ein untaugliches Original. Schiedsrichter im Wettstreit der weiblichen Ideale „schön“ oder „gut“ ist das Kind: „Die kleine Anne-Rose hätte Tante Jettchen auch nicht mehr fortgehen lassen, denn diese war ihr viel lieber geworden als die eigene Mutter.“[59]

Das Kind vergibt seine Gunst an diejenige, die seine Bedürfnisse stillt. Der Mutter, die ihre Aufgabe nicht aus körperlicher Schwäche vernachlässigen muß, sondern ihrer Rolle nicht entsprechen will, entzieht es seine Liebe. Die Tante, an die keinerlei Erwartungen gestellt werden und die dennoch all das übernimmt, was die Mutter hätte tun sollen, wird zur wandelnden Kritik am falschen Verhalten der Mutter – und wird mit der Liebe des Kindes belohnt.

Als Ersatz ergänzt die Tante die Mutter nicht, sondern verdrängt das Original, das versagt hat. Die Kritik an der Mutter, die im Raume steht, solange die Tante deren Versäumnisse nachholt, bedeutet auch, daß es besser gewesen wäre, wenn die Mutter ihre Aufgaben selbst bewältigt hätte.

Zur gleichen Zeit, zu der Hedwig Courths-Mahler versucht, Mütterlichkeit als individuellen moralischen Wert zu stabilisieren, arbeitete der Spanier Miguel de Unamuno an seinem Roman „Tante Tula“. Mit der Figur der Tante Tula stellt Unamuno grundsätzlich den Anspruch an Mütter in Frage, Mütterlichkeit zu entwickeln. Tula drängt ihre

Schwester Rosa, ihren eigenen Verehrer zu heiraten und drei Kinder von ihm zu bekommen. Sie wird zum dynamischen Mittelpunkt dieser jungen Familie, indem sie die Erziehung der Kinder und die Führung des Haushalts übernimmt, während sie das Ehepaar ins Abseits ihrer gegenseitigen Zuneigung drängt. Sie läßt die Eheleute die Kinder produzieren, die sie selbst haben möchte. Sexuelles Erleben schließt sie für sich selbst aus und will auch die Kinder vor dem Kontakt damit bewahren, solange diese nicht selbst eine Familie gründen.

Unterdessen hüllte Gertrudis das Kind in Windeln ein und wachte eifersüchtig darüber, daß das unschuldige Wesen nichts von der Liebesglut merkte, die seine Eltern erfüllte.

Eine innere Sorge erfüllte die Tante, sie wollte das Kind von dem frühesten, zartesten und unschuldsvollen Kindesalter an davor bewahren, auch nur im entferntesten und nur in den leisesten Andeutungen etwas von der Liebesleidenschaft zu erfahren, der es entstammte. Daher hatte sie ihm ein Medaillon mit dem Bilde der Allerheiligsten Jungfrau um den Hals gehängt, der jungfräulichen Mutter, die das Kind im Arme trug.[60]

Für Unamuno sind Sexualität und Mütterlichkeit miteinander unvereinbar. Er kritisiert nicht die leibliche Mutter der Kinder, die mit Leidenschaft ihren Mann liebt. Im Gegenteil: Er hält die Pflege dieser Liebe und eine Sexualität, aus der möglichst viele Kinder entstehen sollen, für die vorrangige Aufgabe, auf die ihr Dasein reduziert werden sollte. Mütterlichkeit und Aufopferung für die Kinder kann in seinen Augen jedoch nur eine Frau entwickeln, deren Aufmerksamkeit nicht durch die Liebe zu einem Mann behindert wird. Dazu bedarf es der Ergänzung der Familie durch die Tante.

Die Vorstellung von ihrer jungfräulichen Mütterlichkeit sieht er in der biblischen Gestalt der Mutter Maria verankert. An einer anderen Stelle zieht er als Parabel das Leben der Bienen heran, deren Reproduktionsform er als Vorbild für die Organisation menschlicher Fortpflanzung nimmt: Die Königin als umsorgte Produzentin neuen Lebens, die Drohnen, die ausschließlich der Befruchtung dienen und die Arbeitsbienen, die für alles andere, den Bau der Waben, Nahrungsbeschaffung und Aufzucht des Nachwuchses, verantwortlich sind.

Das Modell von Ersatz und Original, das bei der Beziehung von Mutter und Tante in verschiedenen Varianten zu verfolgen ist, wird hier aufgehoben zugunsten einer aufgabenbezogenen Arbeitsteilung zwischen den zwei Frauen. Die Tante ist kein Ersatz mehr, sondern wird als die notwendige Ergänzung zur Mutter gesehen.

Eine derartige Familienorganisation mag als literarisches Konstrukt, zumal mit Bezugnahme auf die Jungfrau Maria und einen Bienenstock, etwas abstrus klingen. Als reale Konstellation führt sie zuweilen jedoch zu erstaunlich gelungenen Ergebnissen, wie manche Biographien es zeigen. Zum Beispiel die von John Lennon. Seine Mutter Julia lebte, als er ein kleiner Junge war, in angeblich unsoliden Verhältnissen. Jedenfalls sah ihre Schwester Mimi das so und nahm den kleinen John bei sich auf. Selbst als sich die

Situation der Mutter wieder konsolidiert und sie mit einem zweiten Mann weitere Kinder bekommen hatte, so daß John zu ihr hätte zurückkehren können, entschied er sich dafür, bei seiner Tante zu bleiben und seine Mutter täglich zu besuchen. Seine Schwester aus der zweiten Ehe der Mutter schreibt:

> *Bei einer weiteren Inspektion durch das Liverpooler Sozialamt stellte sich heraus, daß John kein eigenes Zimmer hatte, nicht einmal ein eigenes Bett. Da Mummy schließlich Mummy war, nahm sie ihn natürlich jede Nacht in ihr großes Doppelbett mit und legte ihn neben sich. Ihr wurde mitgeteilt, daß John weggebracht werden müßte, bis sie eine größere Wohnung hätten. Ihr blieb keine Wahl. John verließ sie, um fortan bei Mimi zu wohnen. So fing alles an – Johns Jahre mit Mimi, der Tante der berühmten Beatles, die alle Welt kennt. Welche Ironie, daß gerade Mimi, die beschlossen hatte, niemals Kinder zu bekommen, damit endete, daß sie den Sohn ihrer Schwester aufzog. Es war typisch für ihr Pflichtgefühl als älteste Schwester. Sie hatte das Gefühl, es sei ihre Aufgabe, dafür zu sorgen, daß der Nachwuchs eine glückliche Kindheit hatte; und sie war davon überzeugt, daß Johns Kindheit gefährdet war.*[61]

Die beiden unterschiedlichen Schwestern Julia und Mimi ergänzten sich geradezu kongenial. Während die Tante die Ruhe und Ordnung eines bürgerlichen Heims garantierte, herrschte bei der Mutter ein buntes Leben. Die eine wahrte den Bestand, die andere sorgte für Entfaltung.

Von John Lennon selbst existieren keine autobiographischen Aufzeichnungen, die Aufschluß über seine Motive, nicht zur Mutter zurückzukehren, geben könnten. Doch es ist anzunehmen, daß er Gründe dafür hatte, bei beiden Frauen leben zu wollen. Seine Schwester charakterisiert die Welten, die Mutter und Tante jeweils herstellten, so daß seine Entscheidung nachvollziehbar wird, sie als die verschiedenen und sich ergänzenden Teile eines Ganzen zu sehen, das mit „mütterliche Sorge" umschrieben werden kann:

Mimi war eine strenge und überzeugte Verfechterin von Zucht und Ordnung und nahm ihre Verantwortung als Oberhaupt der Familie Stanley sehr ernst. Sie hatte sehr genaue Vorstellungen von dem, was sich schickte und was nicht, und so gefielen ihr weder Johns wachsender Eifer für die Musik noch seine Vorliebe für die Mode der Teddyboys. Im Gegensatz dazu war unsere Mutter davon völlig hingerissen. Was John da unternahm, appellierte an ihren eigenen Sinn fürs Rebellische. Sie wußte, welchen Spaß es machte, der Autorität einfach dadurch eine lange Nase zu drehen, indem man sich Röhrenhosen anzog und eine Entenschwanzfrisur machte […] Ich weiß, daß er sehr gerne mit Mimi zusammenlebte. Er war stolz auf sie und hätte sie nie absichtlich verletzt. Mimi erzählte mir einmal, wie John als kleiner Junge zusammen mit ihr vor Mendips stand, um seiner Mutter, die wieder nach Hause fuhr, auf Wiedersehen zu sagen.

„Ich liebe dich, Mami", sagte er und küßte sie. Dann

hielt er für einen Augenblick inne, drehte sich um und sah Mimi an.

„Aber dich liebe ich auch, Mimi.“[62]

Kehren wir aus der Realität der sich ergänzenden Frauen Mami und Mimi noch einmal zurück zu Miguel de Unamuno und „Tante Tula“.

Gertrudis Schwester Rosa stirbt kurz nach der Geburt des dritten Kindes. Anstatt aber den Schwager und früheren Verehrer nun doch zu heiraten, wie er sie bittet, drängt sie ihn in die zweite Ehe, diesmal mit dem Hausmädchen Manuela. Auch deren beide Kinder nimmt sie unter ihre Obhut, und als auch Manuela stirbt, nennen alle fünf Kinder sie „Mutter“. Die Tante nennt sie selbst ebenfalls ihre Töchter und Söhne und erzieht sie mit großer Aufopferung und Liebe.

Und dann stirbt Tante Tula.

War Tante Tula gestorben?

O nein, sie fing erst wahrhaft an, in der Familie zu leben, ein neues, von ihr ausstrahlendes, innerliches, lebenzeugendes Leben zu führen: das ewige Leben der unsterblichen Familie. Jetzt war sie für ihre Kinder, für ihre Neffen nur noch die Tante, nichts mehr als die Tante! Nicht mehr die Mutter noch die Mama, noch selbst die Tante Tula, *sondern nichts anderes als allein die Tante. Dieser Name, den man mit andächtiger Verehrung aussprach und der von einem wahrhaft religiösen Unterton begleitet wurde, ward gewissermaßen zur häuslichen Kanonisierung eines Heiligtums der Familie. […] und wenn nach dem Tode der Tante allerhand Trennendes, wenn Spaltungen und Differenzen, die allen bisher verborgen geblieben waren, an den Tag kamen und allen offenbar wurden, wenn sich Defensiv- und Offensivbündnisse unter den Geschwistern bildeten, so kam das daher, weil diese Trennungen und Spaltungen aus dem Familienleben selbst entsprangen, das die Tante geschaffen hatte. Ihr Geist hatte solche Spaltungen hervorgerufen, wie auf ihrem Grunde und über sie hinaus auch wieder die grundlegende, das Ganze krönende Einheit der Familie. Die Tante Tula war der Zement und das Dach des häuslichen Heims.*[63]

Die Tante, die ergänzende Ersatzperson zu den beiden Müttern, hat deren Existenz völlig vergessen gemacht. Außer dem Ehemann vermißt niemand die Toten. Die Tante aber bringt es zu einem Leben nach dem Tod in der stets wachen Erinnerung ihrer Pflegekinder. Sie hatte sich zu Lebzeiten ausschließlich auf ihre geistige Mutterschaft konzentriert und sich niemals durch die unreine Liebe zu einem Mann davon ablenken lassen. Die leiblichen Mütter verschwinden mit dem Tod ihrer Körper, die geistige Mutterschaft aber lebt fort und hält den Geist der Familie aufrecht.

So ersetzt die Tante nicht nur die Mutter, sondern gewissermaßen auch sich selbst. Ihr Geist, der fortlebt, hebt sie auf das Podest allgemeiner familiärer Verehrung. Dabei verselbständigt er sich. Sie verliert ihren Namen und auch die Anrede „Mutter“. Sie wird *die Tante.* Wie bei den Müttern verliert sich auch ihre Person, doch sie hatte vorher ihren Ersatz geschaffen: In dem geistigen Überbau, der ihr

Andenken wahrt und das familiäre Geschehen in ihrem Sinne lenkt.

Das Phänomen des verselbständigten Geistes der Tante taucht in der Literatur häufig auf. Das bekannteste Beispiel ist wohl die Tante Jolesch von Friedrich Torberg. Der Unterschied zur Tante Tula ist der, daß die Tante Jolesch nie eine Person war, nicht einmal eine literarische, sondern immer schon eine personifizierte Spruchsammlung. Friedrich Torberg beschreibt diesen Sachverhalt so:

> *Die Tante Jolesch, die dem Buch als Haupttitel voransteht, hat wie alle anderen, von denen hier die Rede sein wird, wirklich gelebt und hat – auch das gilt für alle anderen – die hier wiedergegebenen Aussprüche wirklich getan. Oder doch die meisten von ihnen. Den und jenen habe ich ihr wissentlich unterschoben, weil sie ihn getan haben könnte. Denn die Tante Jolesch war, um mit Christian Morgenstern zu sprechen, keine „Person im konventionellen Eigen-Sinn", sondern ein Typus. Fast in jeder der großen vielgliedrigen, über Wien und Prag, über Brünn und Budapest, über die österreichische und die ungarische Reichshälfte verzweigten Familien gab es entweder eine Tante oder eine Großmutter, deren treffsichere, teils witzige, teils tiefgründige Aussprüche von der ganzen Verwandtschaft zitiert wurden. Tatsächlich: die Schöpfung dieser „Aphorismen zur Lebensweisheit" fiel fast immer den Frauen zu.*[64]

Und zwar den Frauen, die nicht aktiv mit Mutterschaft beschäftigt waren, sondern die Muße besaßen, ihren Geist und Witz bis hin zur Skurrilität zu entfalten und ihren Familien als ihr geistiges Erbe zu hinterlassen. Als konkrete Individuen sind jene Tanten von gleichem Interesse wie andere Menschen auch. Doch als Typus, den sie repräsentieren, werden sie zu mehr, nämlich zum fragmentarischen Ersatz für das Abendland (dessen Untergang Torberg im Untertitel zur „Tante Jolesch" erwähnt), das in ihren kolportierten Anekdoten wieder aufersteht. Durch Friedrich Torberg hat die Tante Jolesch die familiären Grenzen ihrer Berühmtheit längst gesprengt. Ihre Ansicht beispielsweise, „was ein Mann schöner is wie ein Aff, is ein Luxus", ist mittlerweile ein allgemeiner Bestandteil der Wiener Mentalität.

Die Fähigkeit der Tante, durch Aphorismen, kluge Lebenseinstellungen, einen eigentümlichen Lebenswandel oder Begebenheiten voll Unkonventionalität Erinnerungsbilder zu schaffen, die sie über ihre eigene Existenz hinaus ersetzen können, läßt sie auch zur Allegorie für Vergangenes schlechthin werden. Je unwiderruflicher dies Vergangene vergangen ist, um so stärker werden die Tanten herbeizitiert. Dies gilt vor allem für die Verwandtschaft als kulturelles System und soziale Orientierung. Diese Funktionen hat die Verwandtschaft in modernen Gesellschaften nicht verloren, sie muß sie aber auf abstraktere Weise erfüllen. Dabei kommen ihr die Sprüche der Tante entgegen, wie sich etwa Heilwig von der Mehden erinnert:

Da war zum Beispiel lange vor meiner Geburt eine Verlobte meines Onkels Karl mit Namen Martha. Sie hatte die Angewohnheit, beim Essen alle Schüsseln vor ihrem Teller stehenzulassen und nichts weiterzureichen, was von der großen, um die Tafel versammelten Familie als äußerst störend empfunden wurde. Schon in der zweiten Generation werden bei uns die Kinder angehalten, sich nicht so zu benehmen „wie Martha bei Tisch“.[65]

Diese Ermahnung entstammt dem Fundus des familiären Kollektivgedächtnisses. Sie richtig zu deuten heißt, zu den Eingeweihten der Familiengeschichte zu gehören, die selbst schon gar nicht mehr das eigentliche Ereignis erlebt haben müssen. Diese Ermahnung zu benützen und nicht einfach zu sagen: „Bitte, reich die Schüssel weiter!“ weist auf die Bedeutung der Pflege familiärer Traditionen hin. Sie grenzen die Familie – gemeint ist hier die erweiterte Familie der Verwandtschaft – nach außen hin ab, prägen ihre kulturelle Identität und damit auch die eines jeden Mitglieds.

Von der familienkulturellen Funktion der Tante spricht auch Friedrich Nietzsche. Sein Andenken an die eigene Herkunft und Verwandtschaft grenzt ans Chauvinistische:

Gerade weil ich wenig von meinem Vater weiß und ihn nur aus gelegentlichen Erzählungen errathen muß, waren mir seine nächsten Anverwandten mehr als sonst Tanten zu sein pflegen. Ich freue mich, wenn ich an Tante Riekchen, wie an die anderen denke, daß sie alle eine sonderliche Natur bis in ihr hohes Alter festhielten und in sich Halt hatten, um weniger von außen her und von dem so zweifelhaften Wohlwollen der Menschen abzuhängen; ich freue mich dessen, weil ich daran die Rasseeigenschaften derer, die Nietzsche heißen, finde und sie selbst habe.

Deshalb war die gute Tante mir immer auf das freundlichste gewogen, weil sie es fühlte, wie wir in einer Hauptsache verwandt waren, nämlich eben in der Nietzscheschen Hauptsache. Und so ehre ich denn ihr Angedenken, indem ich von Herzen begehre, wenn ich alt werden sollte, wenigstens nicht von mir selber, das heißt von dem Geiste meiner Väter abzufallen.[66]

Es ist nur gut, daß die Meierschen, Müllerschen und Schmidtschen Familienmitglieder ebenso von sich denken, Friedrich Nietzsche also übersieht, daß er eine allgemeine Stabilisierungsfunktion der Familie beschreibt, die sich auf der Entwicklung eines spezifischen, verwandtschaftskulturellen Habitus gründet.

Für Friedrich Nietzsche ersetzte Tante Riekchen den Vater als Oberhaupt des Nietzscheschen. Je weiter der reale Kontakt mit Verwandtschaft in die Ferne der Vergangenheit rückt, um so stärker müssen ihre Symbole wirken. So werden die Tante, ihr Verhalten und ihre Sprüche zu Repräsentanten der „guten, alten Zeit" schlechthin.

Anderer Art war Rachel Hitzig, die Schwester meiner Großmutter. Daß sie das war, ist mir erst später klar geworden, denn für uns Kinder war sie eben nur Tante Rachel, ein höheres, gutes Wesen. Und sie war ja auch etwas Besonderes für uns, die letzte aus einer vergangenen Generation. Sie war der Mittelpunkt der ganzen, großen Familie, und bei ihr trafen sich Hitzigs, Doves, Kummers, Etzels, Herters und all die anderen, die irgendwie von Daniel oder Elias Itzig abstammten. Besonders schön schwebt mir der Vormittag des ersten Weihnachtsfeiertages vor, wo alle Kinder der Familie mit ihren Müttern zu Tante Rachel kamen und beschenkt wurden. Die Erwachsenen verehrten Tante Rachel auf das höchste. Mir schwebt sie vor als eine rundliche, kleine Dame, in deren Wohnung die alten schweren Mahagonimöbel blitzten und glänzten, bei der es viele merkwürdige Dinge zu sehen gab und die zu uns Kindern von besonderer Freundlichkeit war.[67]

Adolf Ermans Tante Rachel ist eine der vielen Tantengestalten, denen in Biographien als Repräsentantin einer anderen Zeit gedacht wird. Sie lebte im vorigen Jahrhundert. In der ersten Hälfte dieses Jahrhunderts lebten in Tübingen die beiden Tanten Jula und Emma, deren Nichte Liesel Reichle-Zeller ihnen in ähnlicher Weise gedenkt:

Jedenfalls ergaben sich aus dem Umstand, daß zwei der Schwestern [des Vaters, Anm. E. K.] *zu meiner Tübinger Jugendzeit verwitwet waren und in Tübingen lebten, für mich zwei echte „Familientanten", von deren ausgeprägter Eigenart sich lange Zeit meine Vorstellung von dem herleitete, was unter Zeller'scher Art zu verstehen sei. Allerdings waren sie keine hilfreichen Geister für Verwandte in Bedarfszeiten, aber sie gehörten zu jedem Fest und stellten eine wichtige Verbindung dar zwischen dem Heute und Gestern der Familie Zeller …*

Tante Jule und Tante Emma – man sah sie meist zusammen, obwohl sie in eigenen Wohnungen lebten und auch sehr verschieden waren. Gemeinsam fegten die Be-

senlitzen ihrer unweigerlich schwarzen, bodenlangen Röcke noch in den dreißiger Jahren das Tübinger Pflaster, wenn sie zur Bibelstunde, zur Kirche, ins Pfarrkränzchen oder zu Familienfesten pilgerten, wo sie fleißig den Genüssen zusprachen, die sie sich zu Hause nicht gönnten. Gemeinsam auch bestellten sie mir ein Blättchen namens „Reinheit", als sie erfuhren, daß ich zur Tanzstunde der Studentenverbindung meines Vaters eingeladen worden war. Gemeinsam fuhren sie im Jahre 1939, beide schon an die 70 Jahre alt, nach Amerika, um die zahlreichen dortigen Verwandten zu besuchen. In den Besenlitzröcken, mit im ganzen 13 vorsintflutlichen Gepäckstücken voller Mitbringsel für die Geschwister, die Nichten und Neffen dort. Sie kamen nach Monaten per Schiff zurück, als in Europa schon Hitlers Krieg herrschte, und sie hatten sich kein bißchen verändert.[68]

Je moderner die Zeiten werden, um so mehr scheinen Tanten als Ersatz für etwas Verlorenes herhalten zu müssen. Zwar entstanden auch im vorigen Jahrhundert Biographien von Tanten, wie etwa Lina Walthers Erinnerungen an „Tante Jettchen", deren Bild „mit den Zügen der Liebe und Dankbarkeit eingeschrieben ist in die Herzen einer großen Familie".[69] Doch die nach dem 2. Weltkrieg verfaßten Erinnerungen an Tanten gelten in weit geringerem Maße allein der Person als vielmehr dem Typus, den sie repräsentieren. Die kulturelle Kritik an der Gegenwart ließ Bücher wie „Aus Tante Maritschel's Knopf-Schachtel", „Tante Linas Kriegs-Kochbuch", „Tante Hedwig" oder „Tante Anna. Ihre Sprüche, ihr Dorf, und was sie kocht".[70] entstehen. In je eigener Art stehen diese Frauen für eine Originalität, die es heute anscheinend nicht mehr gibt. Zum Beispiel Tante Lina:

Tante Lina ist tot.

Auf ihrem Grab wächst Rosmarin und Thymian, wird Basilikum und Borretsch blühen. Keine Totenblumen stehen da, keine gestutzten Buchsbaumhecken, keine artigen Blautannen.

Das würde zu Tante Lina nicht passen.

Tante Lina war ein lebenslustiger – nein, das ist nicht der richtige Ausdruck, sie war einfach ein lebendiger Mensch. Sie hat geraucht, getrunken (oder besser: gesoffen) und gut gegessen – Zeit ihres Lebens.

Und daß sie tot, so richtig tot ist, kann man eigentlich auch nicht sagen. Dazu ist sie zu gegenwärtig, immer noch. Dazu kursieren über sie in der Familie, der sie nie angehören mochte, in der Stadt, aus der sie nie hat fortziehen wollen, zu viele Gerüchte, Vermutungen, sogenannte verbürgte Geschichten. Und man spricht über sie, als lebte sie noch. Als besuche sie noch wie an jedem Tag das Café auf der Hauptgeschäftsstraße, in dem sie Rechnungen nur unvollständig zu begleichen pflegte, wenn ihr etwa der Kuchen nicht geschmeckt hatte. Als streite sie sich noch lauthals mit den Marktfrauen herum, wenn die ihre Preisschilder nicht richtig ausgezeichnet hatten. Als stolziere sie noch mit azurblau gefärbtem Haar dem Stadtpark zu, wo sie auf einer Bank mit einigen zweifelhaften Existenzen Skat oder Doppelkopf spielte.

Ja, Tante Lina.[71]

Man muß nicht erörtern, ob es solche Frauen im Zeitalter von Kulturindustrie, Massenkommunikation, Computertechnik und wie die Tötungsarten der Seele durch die Moderne noch genannt werden, tatsächlich nicht mehr gibt. Hier soll lediglich festgehalten werden, daß diese Tantenfiguren für das stehen, was beim gesellschaftlichen Fortschritt als verloren gegangen angesehen wird. Mit ihren Weisheiten, Sprüchen und Eigentümlichkeiten sind sie zum Symbol für angeblich bessere, vergangene Zeiten geworden.

Die Funktion von Tanten, als Ersatz für etwas Verlorenes zu stehen, wird vor allem durch die wahre Flut von Erinnerungen an sie aus dem ehemaligen Ostpreußen und dem Baltikum deutlich. Denen, die ihre Heimat dort aufgeben mußten, ist die vergangene Zeit an einen vergangenen Ort gebunden. Beides ist verloren und lebt um so heftiger in der Erinnerung wieder auf. Die sehnsuchtsvollen Beschreibungen der weiten Landschaft markieren nur die Orte, die es ja noch gibt. Die Erinnerung an die Menschen, die dort einmal lebten, ist das Gedenken an eine Mentalität, die es nicht mehr gibt.

Man muß versuchen, die politische Stoßrichtung dieser Erinnerungsarbeit für kurze Zeit zu vergessen, um die Bedeutung dessen, was über den gesellschaftlichen Status hinaus verlorengegangen ist, zu verstehen. Dies war eine im Westen vielleicht unverständliche kulturelle Lebensweise, die prägnant von jenen verkörpert wurde, die eher am Rande der dortigen familiären Zentren standen und ihre Originalität zu einer Art kulturellen Überbau einer Landschaft entwickelten: die Tanten.

Siegfried von Vegesack hat in seinem Buch „Die Welt war voller Tanten“ das Leben einiger dieser Frauen aufgezeichnet, die nur Nebenrollen in der baltischen Gesellschaft spielten, aber zentrale Gestalterinnen jener eigentümlichen Kultur waren, an deren Stelle heute die Erinnerung an sie, die Tanten, steht:

Tante Locka war wie ein Gewitter, das beständig am Horizont droht. Eigentlich war sie ein Mann, dem der liebe Gott aus Zerstreutheit Röcke wachsen ließ. Sie hatte einen Baß, noch tiefer als der ihres alten Kutschers Maarz, und einen richtigen Schnurrbart. Groß und breit war sie wie ein Stier: ging sie durch den Saal, zitterte das Kristall der Kronleuchter, und lachte sie, so klirrten die Gläser und Kronleuchter.

Tante Locka war immer unterwegs. Von Verwandten zu Verwandten kutschierte sie selbst, während der alte Maarz steif wie eine Pagode hinter ihr saß, und meldete sich niemals an. Hörte man von der Landstraße ihre Glocken, rief gleich alles: „Tante Locka kommt, Tante Locka kommt!“ Und sogar der unerschrockene Mojahnsche Onkel begann nervös auf und ab zu gehen.

Und dann kam sie: ein Orkan, der alles vor sich herfegt. Nach der Umarmung sank die blasse Tante Melanie jedesmal auf ein Sofa, und wenn wir Buben Tante Locka nicht richig die Hand küßten, bekamen unsere Nasen ihren gewalten Siegelring zu spüren.

Als die Revolution ausbrach – die von 1905/06 –, bleibt Tante Locka ganz allein mit dem alten Maarz auf ihrem Schloß.

„Mögen sie nur kommen, die Halunken!" hatte sie erklärt.

Und sie kamen. Tante Locka saß im Saal und ließ sie eintreten.

„Die Mützen herunter!" und man gehorchte.

„Nun, was wollt ihr?"

Der dicke Kruming räusperte sich. „Es sollen hier Waffen sein ..."

„Und da meint ihr, daß ich euch diese Pistole herausgeben werde?" Und dabei hob Tante Locka eine ungeheure Reiterpistole aus dem siebzehnten Jahrhundert drohend in die Höhe und hielt sie dem verdatterten Kruming gerade vor die Nase.

„Einen Schritt – und ich drücke los!"

Da schoben sich die Leute ängstlich zur Tür hinaus.

Als Tante Locka starb und beerdigt wurde, gingen die Bauern des ganzen Kirchspiels mit entblößten Häuptern hinter ihrem Sarge her. Und der alte Maarz sagte: „Eine mächtige Frau. Solche Bäume wachsen nicht mehr."[72]

Ob Tanten wie diese über Land reisten von Verwandten zu Verwandten oder eine Idylle bewohnten, die voller Gastfreundschaft ihre Tore für Nichten, Großneffen, Basen, Vettern aufhielt, sie waren ein Knotenpunkt familiärer Kommunikation und Rituale. Diese Funktion ihres Tantendaseins breitete ihre Bekanntheit bis in die letzte Nebenlinie aus und ließ sie aufsteigen zum Emblem dieser weitläufigen Familien. In ihrer Instanz der Wahrerin und Knüpferin familiärer Traditionen blieben sie weit über ihren Tod hinaus im Gedenken ihrer Verwandten lebendig, mit all ihren Eigenheiten und Skurrilitäten. Als jene ihre Heimat verlassen mußten, nahmen sie oft nicht viel mehr als diese Erinnerung mit, in der ihnen die Tanten neben der geretteten Ikone oder dem alten Samowar das ersetzen mußten, was ihre Heimat gewesen war.

MIT IHR
Die Verbündete

Jedes soziale Geschehen, sei dies eine Massendemonstration, ein Liebespaar auf einer Parkbank oder der erste Schultag, hat seine Akteure, deren Tun im Rampenlicht der Ereignisse steht: Rädelsführer, Polizisten, ein Mann, eine Frau, der Lehrer, die Lehrerin, das Schulkind. Sie produzieren die zentrale Handlung und definieren damit, um was für eine Art soziales Ereignis es sich handelt. Doch gestalten sie nicht allein das Geschehen.

Was wäre eine Demonstration ohne ZuschauerInnen, ohne PassantInnen, die schimpfen oder mit dem Kopf nicken, ohne Spitzel und ohne diejenigen, die – aus welchem individuellen Motiv auch immer – eine Masse erst zustande kommen lassen? Wie lange bliebe ein Liebespaar ein Liebespaar ohne eine Öffentlichkeit, die den beiden ihren Ausnahmezustand widerspiegelte und ohne eine nahestehende Person, die sich um die Tragfähigkeit des jungen Glücks sorgte oder gratulierte zu dem guten „Fang"? Und ein erster Schultag verlöre einiges von seinem Initiationscharakter, wenn es keine älteren SchülerInnen gäbe, die mit ängstlich-bewunderndem Blick gemustert werden könnten, wenn keine gerührten Eltern das Schultor flankierten, wenn nicht Konfiserien mit Schultüten oder Kindermoden- und Papierwarengeschäfte mit ihren Auslagen die Ausstattung für das Ereignis schon wochenlang vorher präsentierten.

Ohne StatistInnen und Nebenrollen kommt selten auch ein Theaterstück aus – und wenn, dann ist es meistens nicht sehr lang. Denn das, was eigentlich zu passieren hat auf einer Bühne, wäre schnell vermittelt. Doch um zu verstehen, warum etwas geschieht, muß sichtbar sein, wie es geschieht. Dazu braucht es Ambiente und Nebenhandlungen mit StatistInnen und Nebenfiguren.

Ähnlich verhält es sich in bezug auf das soziale Ereignis „Familie“. Und nur weil sich heute Familien auf die zentralen Figuren von ein bis zwei Eltern mit ein oder mehreren Kindern beschränken, sind die StatistInnen und Nebenrollen in diesem Geschehen nicht verdrängt, wie es die Nostalgie von der Großfamilie oder dem „ganzen Haus“ nahelegt. StatistInnen sind solche Personen, die durch ihre Haltung gegenüber einer Familie deren Bestand protokollieren: Beamte an Fahrkartenschaltern, die Familienkarten ausstellen, ältere Damen im Park, die einen Mann und eine Frau zielsicher als „deine Mama und dein Papa“ identifizieren, Dekorateure, die zum Muttertag Schaufenster gestalten, oder entfernte Bekannte, die Billets zu den verschiedensten Familienfesten schicken.

Nebenrollen spielen hingegen jene, die von außen mehr oder weniger aktiv in den Ablauf des Familiengeschehens eingreifen: Kindermädchen, NachbarInnen, FreundInnen, Großeltern, Onkel und Tanten. Faßt man die Familie nicht allein als Rahmen der generativen, sozialen, geistigen und körperlichen Regeneration auf, sondern als ein kulturelles Ereignis, das tagtäglich stattfindet, ist das Geschehen nicht denkbar ohne die Nebenfiguren, die es mitgestalten.

Auf Photographien, mit denen Familien sich selbst dokumentieren, wird der Unterschied deutlich. Auf einem den Status markierenden Familienphoto posieren nur Eltern und Kinder, bestenfalls noch Großeltern und später Schwiegerkinder und Enkel. In der Regel starren Frauen sitzend, Männer stehend und die Kinder irgendwie drumherum drappiert in die Kamera, die dann beweisen soll, daß diese Menschen eine richtige Familie sind. Und es gibt die – ebenso obligaten – Photographien von Familienereignissen, den Taufen, Konfirmationen, Erstkommunionen, Hochzeiten, von Großvaters Siebzigstem und von Beerdigungen. Auf ihnen wird das ganze Ensemble der Familie verewigt – auf hochherrschaftlichen Aufnahmen sogar inclusive des Bühnenpersonals der Köchinnen und Aufwärter. Tanten, Onkel, Vettern ersten, zweiten, dritten Grades, nahe FreundInnen reihen sich dicht aneinander gedrängt, um aufs Bild zu passen, das später zeigen wird, welche Ereignisse eine Familie glücklich gemeistert hat und wer dabei war, es zu feiern, zu einem Ereignis erst zu machen.

Im Alltag lebt dieser Unterschied fort zwischen dem, was unter einer Familie verstanden und als eindruckslose Inhaltsangabe im Begriff der sogenannten Kernfamilie gefaßt wird, und dem familiären Leben, der Abfolge von Alltagsereignissen, die diese Menschen als die HauptdarstellerInnen mit- und füreinander inszenieren, und das ohne Nebenfiguren nicht zustande käme. Zwischen der Klavierlehrerin, den Nachhilfeschülern des großen Bruders, der Nachbarin, bei der man heimlich Fernsehen schauen kann, den über mütterliche Verbote erhabenen Großeltern und dem generösen Onkel haben unverheiratete verwandte oder nicht verwandte Frauen es zu einer eigenen Kaste gebracht, die in früheren Tagen generell als Tanten betitelt wurde:

In jenen Tagen gingen auch die guten Holden noch leibhaft auf Erden. Ich meine jenes jetzt untergegangene Geschlecht freiwilliger Helferinnen, das, als man von organisierter sozialer Arbeit noch nichts wußte, mit seiner Fürsorge jeden kinderreichen Haushalt umschwebte. Es waren einsame, vom Glück vergessene Frauen, die ihr Muttergefühl antrieb, fremde Kinder zu betreuen und in der Anhänglichkeit an fremde Familien Ersatz für die versagte eigene zu suchen. In Obereßlingen saßen ihrer gleich mehrere beisammen. Sie kamen, wenn eine Krankheit im Hause war, und pflegten; sie stellten sich bei der großen Monatswäsche ein und machten, indem sie sich der Kinder annahmen, häusliche Kräfte frei, sie halfen in den Weihnachtstagen beim Backen und beim „Dockeln" (Puppenkleidernähen). Die Welt wäre ein gut Teil unwohnlicher gewesen ohne ihre Nähe. Sie begehrten und erhielten auch wie die richtigen Feen keinen Dank, als daß sie das nächste Mal wiederkommen durften. Wir nannten sie Tanten und verehrten durch ihre häufig etwas fragwürdige Leiblichkeit hindurch die innere Feennatur.[73]

Ob es allein um Gottes Lohn geschah, daß diese Frauen ihr feenhaftes Wesen entfalteten, sei einmal dahingestellt. Vielleicht waren die Zuwendungen – ein gutes Mittagessen oder eine neue Schürze – in den Augen des Kindes Isolde Kurz nur zu gering, um als Entlohnung gelten zu können. Für eine mittellose Fee im Schwaben des vorigen Jahrhunderts mochte dies aber sehr wohl ein Anreiz gewesen sein, fremden Familien ihre Hilfe angedeihen zu lassen – neben der Befriedigung ihrer eigenen unerfüllten Muttergefühle.

Außer der Frage des Dankes unterscheidet diese Frauen jedoch nicht sehr viel von jenen, die heute in Stadtanzeigern ihre Dienste als Tagesmütter oder „Ersatzomi" anbieten. Doch ihre Funktion ist die gleiche geblieben: Sie entlasten die Mütter. Und auch „Tante" werden sie oft heute noch genannt.

Mit diesem Wort wird die an Verwandtschaftlichkeit grenzende Vertrautheit zu dieser Frau bezeichnet und gleichzeitig die Abgrenzung zur Mutter hergestellt. Seine wesentliche Bedeutung des konkreten Einzelfalls „Sie ist nicht die Mutter" verschleift sich in der Generalisierung zum „Sie ist nie eine Mutter". Das stimmt zwar objektiv nicht, denn die meisten Tanten sind auch Mütter. Doch kommt es darauf nicht an bei der allgemeinen Kennzeichnung der distanzierten Nähe, die die Beziehung zu anderen Frauen als der Mutter ausmacht. Da spielt eben nur eine Rolle, daß sie nicht Mutter derjenigen sind, die sie benennen. Nicht Mutter zu sein, kann ganz unterschiedlich bewertet werden. Immer schwingt wie Lavendelduft ein Hauch von alter Jungfer mit, wenn in allgemeiner Weise von Tanten gesprochen wird. So sind Tanten in ihrer allgemeinen Bedeutung und im Unterschied zu Müttern auch immer diejenigen, die Zeit haben – soviel Zeit, daß sie sich als Feen oder Tagesmütter, als Kindergärtnerinnen oder auch unerwünschte Besucherinnen, also im guten wie im schlechten Sinne um Familien und Kinder kümmern können, die nicht ihre eigenen sind. Und nicht von ungefähr kommt es, daß dafür ein verwandtschaftlicher Begriff herangezogen wird.

Es gehört zu den vulgärsten Verblendungen, Frauen, die unverheiratet sind, als überflüssig zu erachten. Man sehe sich doch nur unter seinen Bekannten um: Wer ist denn die allernützlichste, diejenige, an die man sich in jeder Notlage und Schwierigkeit wendet? Die ledig gebliebene Schwester der Familie.[74]

Heute lassen sich die ledigen Tanten nicht mehr so einspannen wie die von Mary Howitts Bekannten im Jahre 1845. Die Tanten gehen einer Profession nach, und die Frauen, die einspringen, werden professionelle Tanten. Den geborgten verwandtschaftlichen Titel füllen die Berufstanten jedoch nicht in gleicher Weise aus wie die richtigen Tanten – ähnlich wie Krankenschwestern nur in vager Annäherung schwesterlich handeln. Der versachlichte Umgang hält nicht Schritt mit den Bedürfnissen nach jener zuverlässigen, emotionalen Zuneigung, wie sie eine „gute Familientante" vergibt und auf sich lenkt, und die sich darin ausdrücken, daß Kindergärtnerinnen, nähere oder fernere Bekannte, Tagesmütter nach wie vor mit „Tante" angesprochen werden. Damit wird an ein Ideal angeknüpft, das in der Tat manche Frauen einmal verkörpert haben. So eine Tante war Jenny Hesse, zu deren Schar an Neffen und Nichten auch Hermann Hesse zählte. Seine Cousine, Monika Hunnius, schreibt über sie:

Wir liebten Jenny schon als Kinder schwärmerisch! Sie war immer fröhlich mit uns, verwöhnte uns namenlos, hatte das tiefste Interesse für alle unsere kleinen Freuden und Leiden! Immer steckte sie uns was Gutes zu und ver-

wahrte Schokolade und Bonbons in ihrem Zimmer für uns.

Sie war klein, mit einem edlen, feinen Gesicht, dunklen Augen und krausem, schwarzen Haar. Klug, tatkräftig, mit schnellem, schlagfertigem Witz begabt, voller Humor, war sie in vielen Dingen die rechte Tochter ihres Vaters, von dem sie auch ein großes Stück Originalität geerbt hatte.

Sie führte den Hausstand; während wir fröhlich genossen, stand sie in der Küche und kochte und schmorte das Essen für die Unmenge von Gästen. [...] Wie begeistert nahm sie Anteil an unseren übermütigen Plänen und Unternehmungen, freilich nie jemals anders als aus der Ferne, denn sie machte nie Besuche, beteiligte sich nie an unseren Ausflügen.

Da blieb sie eisern, auch gegen unser noch so stürmisches Bitten und Flehen. Aber ebenso wie sie an unseren Freuden teilnahm, ja noch viel mehr teilte sie unsere Leiden. Man hatte nie Geheimnisse vor ihr, und keiner verstand so tröstend, so lindernd einen zu streicheln, wenn man betrübt war, wie sie.[75]

Bewußt hält sich diese Tante im Hintergrund. Doch das Familienleben, an dessen Rand sie sich stellt, wäre nicht denkbar ohne sie, die sich um alles kümmert und für alle gleichermaßen da ist. Aus dem Abseits sorgt sie ebenso für die Notwendigkeiten, die jeder braucht wie für den Ton, der im Hause angeschlagen wird und für die Sicherheit, die das Bewußtsein vermittelt, immer zu ihr kommen zu können. Eine solch vertraute und verantwortungsvolle Stellung hat nur eine „echte“, also eine verwandte Tante. Die professionellen Tanten kommen und gehen, doch die, die durch Verwandtschaft gebunden ist, begleitet in der Nähe oder aus der Ferne ihre Nichten und Neffen bis zu ihrem Tod.

Eine andere Tante ist Tante Maritschel aus Prag, die es in einer autobiographisch anmutenden Geschichte von Friederike Hübner versteht, Nichten und Neffen ein Leben lang in ihren Bann zu ziehen:

> *Im Laufe der Jahre wurde die Verbindung zwischen Tante Maritschel und Bettina immer inniger, und je größer die Sattlerkinder wurden, desto höher wurden auch die Anforderungen, die sie an die Tante stellten. Sie mußte dem „Pianisten“ Johannes bei Hauskonzerten umblättern, sie sollte „ganz offen“ sagen, ob die lyrischen Gedichte von Fritz in gewisser Hinsicht nicht doch vielleicht Rainer Maria Rilke übertrafen, sie mußte für die Theateraufführungen im Hause Sattler die Kostüme nähen, beim Kulissenmalen helfen, Souffleuse sein und sich nach der Vorstellung kritisch äußern, wobei die Qualität ihrer Kritik an der Quantität ihres Lobes gemessen wurde. Sie sollte auch den philosophischen Höhenflügen des Freundeskreises um Fritz folgen und einsehen, daß der Buddhismus alle Religionen überträfe … Für Bettina wurde Tante Maritschel immer mehr die Vertraute in allen Lebensfragen, die sich bald zu Liebesfragen mauserten. Denn obwohl das Familienleben im Hause Sattler sehr harmonisch verlief, empfand Bettina nur die Tante als vertrauenswürdig. Eltern geben halt, ob sie es wollen oder nicht, zu allem ihren Senf dazu. Und*

auf Senf kann ein Heranwachsender gern verzichten. Was er dringend braucht, ist Zuhören und Mitdenken. So war es auch Tante Maritschel, die unter allen aufgetretenen Verehrern mit sicherem Instinkt zu dem Jüngling riet, dessen Zuneigung Bettina als „nicht genug vulkanisch" einstufte. Einige Jahre später, als ihre vermeintlichen Vulkane doch nicht so flammend gespuckt hatten wie erhofft, brach ihre Liebe zu ihm aus. Aber als Bettina ihren Werner dann im Mai 1950 am Tegernsee heiratete, konnte Tante Maritschel nicht kommen.[76]

Wie Jenny Hesse, nur einige Generationen später als diese, gibt sie dem Familienleben, an dem sie teilhat, ihre Färbung. Nicht das fünfte – und im Notfall sehr brauchbare – Rad am Wagen der Familie sind diese Tanten, sondern deren heimlicher Mittelpunkt. Sie bilden eine Allianz mit den Kindern, von der die Eltern ausgeschlossen sind. Denn diese, beschäftigt mit dem faktischen Bestand der Familie, haben nicht die Zeit und nicht das Verständnis, um in diesen Bund aufgenommen zu werden.

Weil diese Tanten ebenso wie die Kinder der Bestandswahrung des familiären Systems enthoben sind, können sie mit ihnen auf einer Ebene verkehren, die den Altersunterschied unwichtig werden läßt. Sie bieten ihren Nichten und Neffen eine Partnerschaft an, wo jeder von den Erfahrungen, Ideen und Interessen der anderen profitiert.

Die Fähigkeit, „ohne den eigenen Senf dazuzugeben" dennoch zuhören und mitdenken zu können, verdanken sie nicht zuletzt ihrer „Altjungfernschaft". Ohne Wertung betrachtet bedeutet dieser Zustand nichts anderes, als den

Lebensstil der Optionenvielfalt, wie ihn eine Frau verkörpert, die ihr Leben noch vor sich liegen hat, zum Dauerzustand verlängert zu haben. Als jungen Tanten sind wir diesen Frauen bereits begegnet, deren Anziehungskraft in ihrem erotischen Umgang mit allem, was ihnen begegnet, liegt. Diesen Stil haben Frauen wie Tante Jenny und Tante Maritschel beibehalten, und er macht sie zu den Verbündeten ihrer Nichten und Neffen.

Die negative Wertung der „Altjüngferlichkeit" entsteht durch die gesellschaftliche Fixierung auf das Ziel einer Frau, einen Mann und Kinder zu bekommen. Erreicht sie dieses Ziel nicht, schlägt sich das als Versagen nieder – und zwar nicht allein als abwertende Zuschreibung durch andere, sondern auch durch sie selbst. Sie entwickelt wirklich eine sonderbare, defizitäre Erscheinung, wenn dies ihr einziges Lebensziel war, das sich einfach in Luft aufgelöst hat. Die Autorinnen der Erinnerungen an Tante Jenny und Tante Maritschel betonen daher auch, daß beide sehr schöne Frauen gewesen seien, denen es an Verehrern nicht gemangelt habe, und nur „das Schicksal" habe es nicht zu einer Ehe kommen lassen. Doch umgaben diese Frauen viel mehr als nur ihren ehemaligen Zukünftigen mit dem Eros all ihres Tuns. Und als sich die Aussicht auf eine Ehe zerschlagen hatte, haben sie nicht aufgehört, mit jenem Medium ihre Umwelt zu behandeln. Daher sind sie auch in Fragen erster Liebschaften keine altmodischen, weltfremden, sondern kompetente Beraterinnen, die ihre Absichten so abwägen, als seien sie selbst betroffen. Die Fähigkeit, sich in die Situation und Gedankenwelt wesentlich jüngerer Menschen so hineinzuversetzen, daß man ihren ganzen

Ernst ohne Herablassung ermißt, ist selten. Simone de Beauvoir erinnert sich an ihre Empfindung als Kind, das einem Mangel an Einfühlungsvermögen durch ihre Tanten ausgesetzt war:

Auf der Place Saint-Sulpice habe ich, während meine Hand in der von Tante Marguerite lag, die sich nicht gut darauf verstand, mit mir zu reden, mich plötzlich mit einem deutlichen Gefühl der Überlegenheit gefragt: „Was sieht sie wohl in mir?" Mir war ja mein Inneres bekannt, von dem sie gar nichts wußte; durch den Augenschein getäuscht, ahnte sie angesichts meines unfertigen Körpers nicht, daß drinnen schon alles vorhanden war; ich nahm mir vor, wenn ich selber erwachsen wäre, nicht zu vergessen, daß man mit fünf Jahren als Individualität schon voll ausgebildet ist. Das übersahen die Erwachsenen, wenn sie mir Herablassung zeigten und mich dadurch kränkten. Ich war empfindlich wie ein Mensch, der ein Gebrechen hat. Wenn Großmama beim Kartenspiel mogelte, um mich gewinnen zu lassen, wenn Tante Lili mir ein zu leichtes Rätsel aufgab, geriet ich außer mir. Oft hatte ich die Großen im Verdacht, sie spielten Komödie vor mir; ich mutete ihnen dabei nicht zu, daß sie selbst es nicht merkten, sondern nahm vielmehr an, daß sie sich untereinander verabredeten, um mich zum besten zu haben.[77]

Das rechte Verständnis ist nicht eine Frage der Zuneigung. Mit der erwachsenen Verbündeten, die Nichte und Neffe in der Tante suchen, verbindet sie weit mehr. Dies ist eine verwandte Geisteshaltung, die sich vom Rest der Welt so unterscheidet wie das Empfinden eines verkannten Dichters von dem eines Börsenspekulanten. Oft geht es dabei nur um zarte, aber entscheidende Nuancen, wie eine andere Episode aus dem Leben mit Tante Maritschel zeigt:

Im Sommer sah man Tante Maritschel oft neben Bettina im Stadtpark sitzen und stricken. Für Bettina war es das öffentlich sichtbare Zeichen: Ich bin erwachsen. Und da die beiden fanden, zum Erwachsensein gehört die strickbegleitende Konversation, erfanden sie das Spiel: Bettina hat eine verheiratete Tochter in Hollywood, und Tante Maritschel ist ganz begierig auf Neuigkeiten aus diesen hochprominenten Kreisen. Natürlich siezten sich die beiden, Bettina meinte, eine Konversation in „Sie" ist gewichtiger. Meist begann es so: – Tante Maritschel fragte:

„No, was schreibt denn Ihre Tochter aus Hollywood?"

„Stellen Sie sich vor, neulich war sie bei Greta Garbo zum Tee eingeladen. Die hat vielleicht einen Palast, ich sage Ihnen, das können Sie sich gar nicht vorstellen. Alles aus Marmor und Hermelin."

Die Hollywoodtochter hatte auch Kinder – das Alter und die Zahl wechselten je nach der Geschichte, die Bettina gerade einfiel – dann hatte sie noch einen russischen Großfürsten als Chauffeur und einen indischen Maharadscha, der sie heimlich liebte. Manchmal vergriff die kleine Erzählerin sich ein wenig in den Lebensdaten, so schilderte sie mit ekstatischen Ausrufen, wie herrlich Franz Liszt neulich im Haus der Tochter gespielt hätte, wozu Tante Maritschel mit offenem Mund ausrief:

„No so was! Der Franz Liszt!“...

Ein älterer Herr, der oft in der Nähe der ungleichen Strickerinnen saß, ging dazu über, täglich einen Stuhl näher an sie heranzurücken. Der Ernst, mit dem Bettina das – unglaublich faszinierende Leben ihrer Tochter schilderte, amüsierte ihn köstlich. Aber eines Tages machte er einen schlimmen Fehler: Bevor er ging, zog er vor Bettina ehrerbietig den Hut, machte eine Verbeugung und sagte lächelnd: „Wenn Sie Ihrer Tochter wieder schreiben, sagen Sie ihr bitte, wie sehr ich sie um diese bezaubernde Mutter beneide.“

Bettina starrte ihn an – fassungslos. Als er gegangen war, verstaute sie hastig ihren Strickstrumpf im Handarbeitskörbchen, ergriff Tante Maritschels Hand und zog sie in die Geborgenheit einer Strauchgruppe. Aufgewühlt klammerte sie sich an sie und brach in hemmungsloses Schluchzen aus: „Er macht sich ... lustig, er ... macht sich ... über mich ... lustig ... er ist ... ganz gemein ...“

„No, aber Tinerl – das erlaub' ich nicht. Er hat halt keine Tochter in Hollywood. – Aber erzählen Sie doch bitte weiter“, lenkte sie ab, „was hat denn eigentlich der Caruso im Hauskonzert Ihrer Tochter gesungen?“

Nein, das war vorbei. Ein ahnungsloser Mann hatte das Traumspiel aus den Angeln gehoben.[78]

Etwas gut zu meinen, heißt noch nicht, es gut zu verstehen. Daß das Selbstverständnis eines jungen Mädchens es nicht verträgt, für bezaubernd gehalten zu werden, kann nur der nachvollziehen, der weiß, wie irrelevant es ist, daß Franz Liszt weder Zeitgenosse von Greta Garbo war, noch ahnte, daß es so etwas wie Hollywood jemals geben würde. Die Erfahrung, von einem Erwachsenen ernst genommen worden zu sein, taucht als ein außergewöhnliches Erlebnis in zahlreichen Autobiographien auf.

Entweder ist dies eine kurze, aber unvergeßliche Episode anläßlich eines Besuchs, oder es geschieht im alltäglichen Zusammensein mit einer außen- oder randseitigen Person. Doch immer ist diese Erfahrung eine besondere, eine Ausnahme. Die Regel ist, daß Kinder sich von den dominanten und zentralen Figuren in ihrem Leben nicht verstanden fühlen. Als alte Menschen blicken sie auf ihre Kindheit bestenfalls als eine schöne Zeit trotz dieser Behandlung zurück. Dann haben andere Einflüsse, z.B. die Gegend, in der man lebte, oder FreundInnen, die man hatte, die Attitude der liebevollen oder auch bösartigen Herablassung oder der Inanspruchnahme als kleingeratene Erwachsene ausgleichen können, der man als Kind ausgesetzt war.

Kinder als vollwertige Persönlichkeiten wahrzunehmen, ihrer Individualität gerecht zu werden und sie weder als schwach von Sinnen zu behandeln, noch ihnen die Einsicht eines Erwachsenen abzuverlangen, das gelingt nur solchen Menschen, die den „Ernst des Lebens“ selbst nicht so ernst nehmen, die durch eine – wodurch auch immer hervorgerufene – randständige Position ein legeres, zynisches oder abgeklärtes Verhältnis zur Gesellschaft und dem „wirklichen Leben“ haben. Innerhalb der Familie sind das zwei klassische Typen: der weise Großvater und die „vom Leben geprüfte“ oder von ihm „benachteiligte“ Tante.

Mochte dies „ein empfindsam träumerisches Geschöpf mit einem gewissen gelassenen Humor“ gewesen sein, dessen „Schrullenhaftigkeit anheimelte“[79] wie die Kathl, die Tante von Oskar Maria Graf, oder eine Wiener Arbeiterin, die die Eltern voll Inbrunst davon abhält, die Tochter in die Fabrik zu schicken, eine kränkliche Grüblerin, wie „das Gottle“ auf einem Vorarlberger Bergbauernhof, das dem Neffen die Zusammenhänge dieser Welt erklärte, oder die verwitwete Tochter eines Heilbronner Arztes, die seinen Hausstand führt und die Nichte davor schützt, das Abendgebet vor versammelter Mannschaft singen zu müssen, oder das badische „Bäsle“, das die Bilder miterkannte, die vor den Augen des Neffen auf der abgeriebenen Wand Gestalt annahmen, oder war es die Tante Theres mit ihrem Zug ins Geniale und Theatralische, den die Familie ihr zeitlebens übel nahm, bis auf den Neffen Ludwig Thoma, der seine Leidenschaft fürs Theater durch sie erweckt sah[80] – es ist immer die gleiche Figur, die da in wechselnder Gestalt auftritt, eine gesellschaftliche Außenseiterin, die auch in die Familie nicht mit gleichen Rechten integriert war und sich „vom Rand aus“ mit den Kindern verbündete.

Diese Situation hat sich heute gewandelt. Nur äußerst selten lebt eine unverheiratete Frau in der Familie eines ihrer Geschwister. Heute ist sie berufstätig, lebt in ihrer eigenen Wohnung, in ihrem eigenen sozialen Milieu. Die Geschwisterfamilie lebt für sich, und die Eltern wachen darüber, mit welchen Erwachsenen die Kinder Kontakt haben. Das Zusammensein mit Menschen, die nur aufgrund ihrer Verwandtschaft von den Eltern akzeptiert werden, ohne daß diese darüber entscheiden, ob das ein wünschenswerter Umgang für die Kinder sei, wird ausdifferenziert. Mit den Tanten, die der Norm nicht gerecht werden, verschwinden die erwachsenen BündnispartnerInnen und damit die Möglichkeit zum Komplott gegen die Eltern unter dem Schutze der Verwandtschaft aus dem familiären Blickfeld des Kindes. Doch die Tanten, die immer schon woanders wohnen und einen ganz anderen Lebensstil pflegen, die gibt es heute noch. Als Vorbilder werden sie, wie wir gesehen haben, meist erst dann wichtig, wenn ein Kind älter wird und Vorbilder sucht, die sich garantiert von den Eltern unterscheiden.

Über diese Funktion hinaus bieten sie aber auch eine reale Zuflucht an, wenn die Generationenkonflikte in der Familie im gemeinsamen Leben nicht mehr bewältigt werden können. Als vertraute Person am Rande der dramatischen Ereignisse, die sich zur Zeit der Pubertät der Kinder in Familien abspielen können, ist die Tante eingeweiht in die Geschichte und Verhältnisse jener Geschwisterfamilie, jedoch nicht involviert. An einem anderen Ort lebend und oft ein anderes Frauenbild repräsentierend als die Mutter, wird sie zur Ratgeberin, Helferin und ersten Anlaufstelle.

Doris Lessings Jane Somers ist eine solche Zuflucht für ihre Nichten, ebenso die lebensfreudige Tante Paula in Keto von Waberers „Blaue Wasser für eine Schlacht“ oder auch Kate Fansler, die mit den Zügen der Autorin ausgestattete Literaturprofessorin der Romane von Amanda Cross (Pseudonym für Carolyn Heilbrun). Die Tanten vermitteln den Rückhalt, den die Nichten im Widerstand gegen die Familie brauchen. Dadurch ermöglichen und entschärfen die Tanten die Austragung des Konfliktes: Sie stärken den Rücken, bieten einen Ort zum Bleiben und schützen vor dem Ausufern des Streits ins Fremde, Absolute. Durch sie bleibt der Streit „in der Familie“, und nicht selten hat die Tante, die in die Emotionen der Auseinandersetzungen nicht direkt verwickelt ist, den gleichen Konflikt eine Generation früher selbst durchgestanden und vermag so, die erhitzten Gemüter zu kühlen. Dabei braucht die Tante selbst nicht einmal anwesend zu sein. Manches Mal genügt es bereits, von der Existenz einer Tante zu wissen, die ebenso von der Familie nicht verstanden und ausgeschlossen wurde, wie man sich selbst fühlt:

In der linken hinteren Ecke des Zimmers hing ein kleines Ölportrait über dem Schreibtisch. Cora knipste die Leselampe an und drehte sie so, daß das Licht voll auf das Portrait fiel. Lily – 1938 stand auf dem mattgoldenen Holzrahmen. Die Signatur war kaum zu entziffern. Das Gesicht, das sie anschaute, war nicht schön, aber sehr ausdrucksvoll, ein interessantes Gesicht.

Cora versuchte, sich ihre Großeltern Houtman vorzustellen. Sie konnte sich nur noch an einen alten, launischen Mann und eine sauertöpfische Frau mit einem Knoten auf dem Kopf erinnern; altmodische, strenggläubige Leute ohne Lebensfreude. Kaum vorstellbar, daß Lily Großvaters Schwester gewesen war. Aber es war klar, daß die künstlerisch begabte Elizabeth nicht in das düstere Milieu gepaßt hat, in dem nichts erlaubt und Fröhlichkeit Sünde war. Elizabeth, die Malerin geworden war …

„Lily“, sagte Cora laut, „ich muß das von dir haben – all die Eigenschaften, die sonst in der Familie nicht vorkommen: die Unruhe, den Abscheu vorm Alltagstrott, das Zeichentalent.“

Es lag wohl am Lichteinfall, aber als Cora die Hand ausstreckte, um den Schalter zu drücken, war es, als würde Lily Galloway ihr zuzwinkern.[81]

Gestützt auf das Beispiel der Großtante setzt sich Cora in dem Jugendbuch „Wie eine Katze in dunkler Nacht" gegen ihre Familie durch und geht ihren eigenen unorthoxen Weg. Die Bedeutung einer Verbündeten erlangt eine Tante für Nichte und Neffe also entweder, wenn diese noch klein sind und sie es versteht, ein kommunikatives Terrain zu schaffen, in dem Kinder sich verstanden und ernstgenommen wissen, oder wenn Nichte und Neffe größer sind und über dies Verständnis hinaus in der Tante ein Gegenbild finden, das ihnen die Auseinandersetzungen mit den Eltern erleichtert.

In dem auf eigenen Erlebnissen beruhenden Roman „Ich wollte Hosen" beschreibt Laura Cardella die Lebensverhältnisse eines sizilianischen Mädchens in der patriarchalischen Gesellschaft ihrer Heimat. Die Geschichte handelt in der Gegenwart, jedoch in einer Gegend mit sehr traditionellen Familienstrukturen. Darin wird eine Tante, die Schwester ihres Vaters, beschrieben, die beide Funktionen erfüllt. Sie ist die junge, schöne Frau eines stadtbekannten Trinkers und rangiert – unter zahlreichen Demütigungen leidend – am unteren Rande der sozialen und familiären Hierarchie. Für ihre Nichte aber ist es ein Fest, zu ihr zu gehen, weil Tante Vannina es versteht, sich in die Bedürfnisse von Kindern hineinzuversetzen. Später, als die Nichte in einen heftigen Konflikt mit ihren Eltern gerät, ist die Tante die einzige, die sie versteht, und zu der man sie gehen lassen kann, ohne die sittlichen Vorschriften des Ortes zu verletzen.

Sie ließ uns Treppen putzen, Teller spülen und Wäsche waschen und gab uns nichts dafür, und wir beklagten uns nicht nur nicht, sondern baten sie sogar selbst darum, uns diese Arbeiten machen zu lassen, vor denen wir zu Hause wie vor der Pest flüchteten. Aber sie hatte ihre Methode und viel Geduld.

Ich erinnere mich an kein einziges Mal, wo sie ihre Hand gegen einen von uns erhoben hätte; wenn sie uns tadelte, tat sie es sanft, und sie liebte uns alle auf die gleiche Weise oder ließ es jedenfalls so aussehen, deshalb entstand kein Streit, und niemand brauchte sich hervorzutun, um ihre Liebe zu ergattern: Wir hatten sie schon, ihre Liebe, und alle auf die gleiche Weise. Nicht einmal ihre Kinder behandelte sie besser als uns: Sie war die Tante Vannina von uns allen. Sie lebte in einem alten Haus in der Nähe von meiner Großmutter, deshalb kam es oft vor, daß nachmittags die wenigen Zimmer der Tante von einem Schwarm Kinder mit Eimern, Schwämmen und Lappen in der Hand wimmelten.[82]

Mit 16 Jahren wird die Nichte dabei ertappt, wie sie einen jungen Mann küßt, und zieht mit dieser Schändung der Familienehre den Haß ihrer Eltern, vor allem ihrer Mutter, auf sich. Sie muß das Haus verlassen und wird zu Tante Vannina und ihrem Mann gebracht. Auch jetzt noch ist die Tante die einzige, die Verständnis für ihre Nichte hat. Selbst den für andere vielleicht eigenartig anmutenden größten Wunsch, einmal Hosen tragen zu dürfen, kann sie nachvollziehen:

> *Wir sprachen noch von dem, was mir passiert war, und sie fragte mich, was meine Bestrebungen und meine Träume wären; ich antwortete ihr, vorläufig sei mein größter Traum, Hosen anzuziehen. Sie lächelte, dann sagte sie, ich solle ihr folgen. Sie brachte mich in ihr Schlafzimmer, öffnete den Schrank und sagte, ich solle meinen Rock ausziehen; sie nahm eine der Hosen ihres Mannes und sagte, ich solle sie anprobieren.*
>
> *Einen Augenblick sah ich sie an, dann zog ich meinen Rock aus und nahm diese Hosen: Sie waren zu weit, ich versank darin, aber meine Tante zog einen Gürtel heraus und faßte sie mir in der Taille zusammen.*
>
> *Ich war so komisch wie ein Clown, ich sah auch so aus und … wir prusteten los vor Lachen.*
>
> *Dann sah sie mich an und sagte mir etwas so Trauriges, daß ich mir dumm vorkam, mir so lange Zeit eine so erbärmliche Sache gewünscht zu haben:*
>
> *„Macari fussa accussi facili accuntintarsi e campari … Wenn es so einfach wäre, sich zufriedenzugeben und durchs Leben zu schlagen …“*[83]

Daraufhin gibt Tante Vannina ihrer Nichte das Tagebuch zu lesen, das sie geschrieben hat, als sie jung war und das sie selbst vor ihren eigenen Töchtern versteckt hält. Der Nichte gibt sie es zu lesen. Die junge und die ältere Frau verspüren eine Verwandtschaft zwischen sich, die über das Familiäre hinausgeht. Es ist eine geistige Verwandtschaft der Auflehnung gegen patriarchalische Unterdrückung. Sich ihre Geheimnisse anvertrauend, bilden die beiden eine Gemeinschaft der Gleichgesinnten, eine Enklave inmitten einer frauenfeindlichen Gesellschaft, die von den anderen Frauen akzeptiert und stabilisiert wird. Aus dem verschworenen Bündnis zieht nicht allein die Nichte, sondern auch die Tante ihre Stärke, sich von den traditionellen Bindungen zu lösen. Sie haben eine gemeinsame Ebene gefunden, die sich auszeichnet durch die Erkenntnis, anders zu sein als die Menschen ihrer Umgebung, sich zu ähneln in der Reaktion auf die Beschränkungen, denen sie durch die Hauptakteure ihres Alltags, nämlich den Eltern und Ehemännern, ausgesetzt sind. Diese durch Wesensverwandtschaft hergestellte Gemeinschaft erweitert das System Verwandschaft auf der kognitiven Ebene zum Gewinn aller Beteiligten.

Wo heute weniger Geschwister geboren werden, gibt es in der nächsten Generation weniger Tanten. Die Statistik, die zur Zeit pro Familie durchschnittlich 1,5 Kinder aufzeigt, legt nahe, daß dieses Buch im Grunde eine „aussterbende Art" behandelt.

In der Tat läßt sich heute nicht mehr in dem Genuß ostpreußischen Gutsherrentums schwelgen, das jedem Kind mehr Tanten bescherte, als es an seinen Fingern abzählen konnte. Auch die schwäbischen Tantenhorden sind familienplanerischen Sparmaßnahmen zum Opfer gefallen, und in Wien versuchen mittlerweile andere Instanzen als die Tante Jolesch das Abendland vor seinem Untergang zu retten.

Doch sagt die Erfahrung auch, daß immer mehr Frauen überhaupt keine Kinder mehr bekommen wollen. Dieser Tendenz folgend, wird es auf lange Sicht weniger Tanten geben, die sich jedoch in ihrem Lebensstil deutlicher von den Müttern unterscheiden werden.

Es geht nicht darum, die Lebensstile von Müttern und Tanten gegeneinander abzuwägen. Wichtig ist vielmehr, daß es den einen ohne den anderen nicht gäbe. Denn Konventionen sind notwendig – so notwendig wie Ausnahmen. Sowohl das Gewohnte als auch das Außergewöhnliche werden erst in ihrer Wechselwirkung erfahrbar.

Die positive Wertung kinderloser Tanten in der jüngeren Literatur kritisiert daher auch nicht die Mutterrolle. Sie findet in der Figur der schrulligen, fortschrittsresistenten Tante das passende Modell für ihre Kritik an der Seelenlosigkeit der modernen Gesellschaft. Oder sie weist auf das kreative Spannungsfeld zweier sich ergänzender Frauenbilder hin: die Selbstverständlichkeit der Mutter und die Freiheit der kinderlosen Tante.

Doch je weniger legitimierungsbedürftig Kinderlosigkeit[84] wird, desto schwächer wird auch der Druck, ihr mit der Entwicklung von Marotten, Spleens und anderen Eigenartigkeiten zu begegnen. Die Art von Tanten im Sinne einer Gattung ist demnach weniger bedroht als die Artenvielfalt, das Kaleidoskop von Lebensarten jenseits gesellschaftlicher Mainstreams.

Tanten wird es noch einige Generationen lang geben, jedoch für Frauen wie Tante Robbo, Tante Maritschel, Tante Jette oder Rousseaus Tante Suzon wird der Boden eng werden.

Die Chancen, Originalität und Eigensinn zu entwickeln, sinken, und auch die Medien, die dies weitergeben, wandeln sich.

Kommunikation und Tradierung durch Sachumgang werden zunehmend altmodisch und unpopulär angesichts der Verheißungen, die virtuelle Realitäten, Cyberspace und Internet versprechen.

Können spektakuläre Dinge wie ein Kopftuch, ein sternenübersäter Rock oder der steinerne Tisch in Tante Alicens Garten überhaupt noch ihre Botschaft vermitteln, wenn es so unglaubliche Möglichkeiten gibt wie die, sich mit wildfremden Menschen am anderen Ende der Welt über die jeweiligen Hobbies via Satellit auszutauschen, oder das Angebot auf dem Jahrmarkt, Achterbahn zu fahren, ohne sich dabei im geringsten in Bewegung versetzen zu lassen?

Und vermag der Geist eines Dinges, wie Marcel Proust es empfand, noch den Tod zu besiegen, wenn Dinge nur mehr hergestellt werden, damit sie möglichst rasch wieder verschwinden?

Ebenso schlecht bestellt sieht es heutzutage mit Verwandtschaft als Deutungskriterium aus. Schließlich wird man sich schlecht auf die Ähnlichkeit mit einer verwandten Person berufen, sich die eigenen Anlagen erklären und sie akzeptieren können, wenn unklar ist, aus welchen Komponenten man im Genlabor zusammengemixt worden ist. Vorbilder werden immer mehr im Bereich des Fernen, Erwünschten gesucht werden und nicht bei sich selbst, im Bereich des Nahen, Eigenen, Erreichbaren.

Und wo soll eine Tante ihre Möglichkeiten, etwas zu ersetzen, in einer Welt der Surrogate entfalten? In einer Gesellschaft der Puzzlefamilien ist der Ersatz für Mutter oder Vater Selbstverständlichkeit. Der flotte Austausch von Ehe- und BeziehungspartnerInnen läßt eine Welt von Stiefmüttern und Stiefvätern entstehen, in der es keine Tante Polly gibt, wie Tom Sawyer sie hatte. Und wo es keine Tante Polly gibt, ist auch kein Platz für eine Tante Jolesch, Nietzsches Tante Riekchen oder die ostpreußischen Tanten, die mit ihrem Esprit und ihrer Unkonventionalität wie ein Gewitter sind. Diese Tanten repräsentierten einmal regionale oder familiäre Eigenständigkeit – wenn nicht gar das ganze Abendland.

Kurz: Es sieht schlecht aus für die Tante.

Genau genommen sieht es schon seit einigen Jahrzehnten schlecht aus für die Tante. Dennoch gibt es nach wie vor Tanten, Nichten und Neffen, die einander von Bedeutung sind.

ANMERKUNGEN

1. POLANYI 1985: 25.
2. Vgl. LÉVI-STRAUSS 1981.
3. Vgl. BRAUDEL 1985.
4. Vgl. RYLE, zit. nach GEERTZ 1987: 10f.
5. GEERTZ 1987: 30.
6. BAUSINGER 1988: 13.
7. WIESINGER 1788: 21f.
8. Daheim 1910: 15f.
9. Vgl. BEYER o. J.; d'ANCOURT 1762; DÖRING 1926; KNITSCHKE 1891.
10. NÖSTLINGER 1978: 12f, 82f.
11. SCOTT-MONCRIEFF 1989:7ff.
12. LESSING 1986: 34f.
13. DAHN 1890: 5ff.
14. PROUST 1981: 61.
15. KOKOSCHKA 1971: 32f.
16. BRINNIN 1959: 34.
17. A. a. O.: 35f.
18. GEROK 1876: 40.
19. MEYSENBUG 1906: 16ff.
20. EBERTY 1878: 103f.
21. BEAUVOIR 1968: 12f.
22. JEGGLE 1989: 347.
23. Vgl. KRISTEVA 1990: 13.
24. DIESEL o. J.: 81f.
25. ERDHEIM 1988: 238.
26. SIMMEL 1922: 509.
27. EBERTY 1878: 108ff.
28. Vgl. BECK 1989.
29. SCHEFFLER 1989: 26f.
30. FREUD 1988: 16.
31. HELFER 1991: 13f.

32. KEUN 1989: 84.
33. BENJAMIN 1987: 83ff.
34. WABERER 1987: 171f.
35. ERBACH-SCHÖNBERG 1921: 77.
36. JANNAUSCH 1995: 50f.
37. LESSING 1986: 161.
38. FREUNDLICH 1988: 33.
39. VINE 1988: 83 u. 97f.
40. KEUN 1989: 128f.
41. BREDOW o. J.: 8ff.
42. DIESEL o. J.: 104f.
43. ROUSSEAU 1974: 25f.
44. PETTAZZI 1983: 24.
45. ADORNO 1982: 303ff.
46. TWAIN 1988: 10.
47. BAWDEN 1990: 7f. u. 29f. (Hervorhebung im Original).
48. GRIMM 1982: 268.
49. Das Motiv der „guten Stiefmutter" sieht Werner Lincke im deutschen Sprachraum nur einmal, und das in einem Volkslied vertreten. Vgl. LINCKE 1933: 84.
51. GRIMM 1982: 137.
52. A.a.O.: 79f.
53. Vgl. z.B. FRIEDRICHS 1909: 12.
54. SCHOPENHAUER 1985: 21.
55. A.a.O.: 43f.
56. SEDWICK 1988: 27 (Hervorhebung im Original).
57. COURTHS-MAHLER 1982: 6f.
58. A.a.O.: 7f.
59. A.a.O.: 8f.
60. UNAMUNO 1982: 24f.
61. BAIRD/GIULIANO 1989: 29f.
62. A.a.O.: 71ff.
63. UNAMUNO 1982: 106 (Hervorhebungen im Original).
64. TORBERG 1977: 10.
65. MEHDEN 1979: 143.

66. FÖRSTER-NIETZSCHE 1895: 6.
67. ERMAN 1929: 60f.
68. REICHLE-ZELLER 1988: 134f.
69. WALTHER 1882: 2.
70. HÜBNER 1984; HORBELT/SPINDLER 1985; HÜBENER 1988; NEUKAMP o. J.
71. HORBELT/SPINDLER a. a. O.: 8.
72. VEGESACK 1987: 12ff.
73. KURZ 1918: 38f.
74. HOWITT 1988: 13.
75. HUNNIUS 1921: 29f.
76. HÜBENER 1984: 13f.
77. BEAUVOIR 1968: 14f.
78. HÜBNER 1988: 11ff.
79. GRAF 1978: 244 u. 281.
80. In dieser Reihenfolge: PAHANKA 1987: 43ff.; FELDER 1904: 24ff.; SCHUMACHER 1901: 280; THOMA 1919: 18f.; THOMA 1831: 30.
81. BUCHHOLZ 1989: 23f.
82. CARDELLA 1990: 64f.
83. A. a. O.: 93f.
84. Vgl. NEUWIRTH (Hrsg.) 1988.

LITERATUR- UND QUELLENVERZEICHNIS

ADELMANN, Helene: *Aus meiner Kinderzeit.* Berlin 1908.

ADORNO, Theodor W.: *Vierhändig, noch einmal.* In: Gesammelte Schriften. Moments musicaux. Impromptus. Frankfurt/M. 1982.

d'ANCOURT: *Die drei Muhmen.* Breslau 1762.

BAIRD, Julie/Geoffrey GIULIANO: *Mein Bruder John Lennon.* Bergisch-Gladbach 1989.

BAUSINGER, Hermann: *Name und Stereotyp.* In: Helge Gerndt (Hrsg.): Stereotypvorstellungen im Alltagsleben. Beiträge zum Themenkreis Fremdbilder – Selbstbilder – Identität. Festschrift für Georg R. Schroubek zum 65. Geburtstag. München 1988.

BAWDEN, Nina: *Die versteckte Fotografie.* Zürich-Frauenfeld 1990.

BEAUVOIR, Simone de: *Memoiren einer Tochter aus gutem Hause.* Reinbek 1968.

BECK, Christina: *Analyse von Schulaufsätzen der 3. und 4. Grundschulklasse zum Thema „Meine Tante".* Hausarbeit am Institut für empirische Kulturwissenschaften. Tübingen 1989.

BENJAMIN, Walter: *Lehre vom Ähnlichen.* In: Siegfried Unseld (Hrsg.): Zur Aktualität Walter Benjamins. Frankfurt/M. 1972.

Ders.: *Gesellschaft.* In: Ders.: Berliner Kindheit um neunzehnhundert. Frankfurt/M. 1987.

Ders.: *Steglitzer Ecke Genthiner.* In: Ders.:Berliner Kindheit um neunzehnhundert. Frankfurt/M. 1987.

BEYER, Heinrich: *Die beiden Tanten.* Augsburg o.J.

BOSSE, Robert: *Aus der Jugendzeit.* Leipzig 1904.

BRAUDEL, Fernand: *Sozialgeschichte des 15. bis 18. Jahrhunderts. Band 1, Der Alltag.* München 1985.

BRAUN, Lily: *Memoiren einer Sozialistin.* München 1909.

BREDOW, Ilse Gräfin von: *Kartoffeln mit Stippe.* Zit. nach: Franz Rottensteiner (Hrsg.): Kleine Bettlektüre für meine liebe Tante. Bern-München–Wien o.J.

BRINNIN, John Malcolm: *Die dritte Rose. Gertrude Stein und ihre Welt.* Stuttgart 1959.

BUCHHOLZ, Tonny Vos-Dahmen von: *Wie eine Katze in dunkler Nacht.* Würzburg 1989.

CARDELLA, Laura: *Ich wollte Hosen.* Frankfurt/M. 1990.

COURTHS-MAHLER, Hedwig: *Die Herrin von Retzbach.* Bergisch-Gladbach 1982.

DAHN, Felix: *Erinnerungen.* Leipzig 1890.
DIESEL, Katharina: *Meine nie geschriebenen Erinnerungen.* Wien o.J.
DÖRING, Georg: *Die vier Tanten.* Wien 1926.
EBERTY, Felix: *Jugenderinnerungen eines alten Berliners.* Berlin 1878.
ERBACH-SCHÖNBERG, Fürstin Marie zu: *Prinzessin von Battenberg. Entscheidende Jahre 1859–1866–1870. Aus meiner Kindheit und Mädchenzeit.* Braunschweig 1921.
ERDHEIM, Mario: *Die Psychoanalyse und das Unbewußte in der Kultur.* Frankfurt/M. 1988.
ERMAN, Adolf: *Mein Werden und mein Wirken. Erinnerungen eines alten Berliner Gelehrten.* Leipzig 1929.
FELDER, Franz Michael: *Aus meinem Leben.* Wien 1904.
FÖRSTER-NIETZSCHE, Elisabeth: *Das Leben Friedrich Nietzsche's.* Leipzig 1895.
FREUD, Sophie: *Meine drei Mütter und andere Leidenschaften.* Düsseldorf 1988.
FREUNDLICH, Elisabeth: *Der Seelenvogel.* Frankfurt/M.–Berlin 1988.
FRIEDRICHS, G.: *Grundlage, Entstehung und genaue Einzeldeutung der bekanntesten germanischen Märchen, Mythen und Sagen.* Leipzig 1909.
GALLISON, Marie: *Aus meinem Leben in zwei Welten.* Kaiserswerth/Rh. 1932.
GARNETT, Angelica: *Freundliche Täuschungen. Eine Kindheit in Bloomsbury.* Berlin 1990.
GEERTZ, Clifford: *Dichte Beschreibung.* Frankfurt/M. 1987.
GEROK, Karl: *Jugenderinnerungen.* Bielefeld–Leipzig 1876.
GRADNER, Gisela Natalia: *Tanten mit Tick. Baltische Erzählungen.* Husum 1990.
GRAF, Oskar Maria: *Das Leben meiner Mutter.* München 1978.
GRIMM, Brüder: Kinder- und Hausmärchen. Nr. 11, Stuttgart 1982; Nr. 21, Stuttgart 1982; Nr. 53, Stuttgart 1982.
GOLTZ, Bogumil: *Buch der Kindheit.* Berlin 1869.
GOUDGE, Elizabeth: *Das Erbe der Miss Lindsay.* Reinbek 1987.
HAARHAUS, Julius R.: *Ahnen und Enkel. Erinnerungen.* Ebenhausen 1921.
HARE, Augustus I.C.: *Freifrau von Bunsen. Ein Lebensbild aus ihren Briefen zusammengestellt.* Gotha 1881.
HAUSHOFER, Marlen: *Eine gruselige Geschichte.* In: Begegnung mit dem Fremden. München 1990.

HELFER, Monika: *Der Neffe.* München–Zürich 1991.
HORBELT, Rainer/Sonja SPINDLER: *Tante Linas Kriegs-Kochbuch.* Reinbek 1985.
HOWITT, Mary: *Ledige Schwestern.* In: The Keepsake. A Christmas, New Year's and Birthday Present for 1845. Zit. nach: Susan Koppelmann: Alte Jungfern. Reinbek 1988.
HÜBENER, Helene: *Tante Hedwig.* Marburg 1984.
HÜBNER, Friederike: *Aus Tante Marietschel's Knopfschachtel.* Heilbronn 1988.
HUNNIUS, Monika: *Mein Onkel Hermann. Erinnerungen an Alt-Estland.* Heilbronn 1921.
JANNAUSCH, Doris: *Nina und Ninette.* Bindlach 1995 (= Stuttgart 1979).
JEGGLE, Utz: *Memorie und Historie – Zur Arbeit des Erinnerns.* In: Christian Giordano (Hrsg.): Kultur anthropologisch: Eine Festschrift für Ina-Maria Grerverus. Frankfurt/M. 1989.
KEUN, Irmgard: *Das Mädchen, mit dem die Kinder nicht verkehren durften.* München 1989.
KNITSCHKE, Marie: *Die Tante aus der Provinz.* Schönberg 1891.
KOKOSCHKA, Oskar: *Mein Leben.* München 1971.
KRISTEVA, Julia: *Fremde sind wir uns selbst.* Frankfurt/M. 1990.
KRÜSS, James: *In Tante Julies Haus.* Hamburg 1969.
KURZ, Isolde: *Aus meinem Jugendland.* Stuttgart-Berlin 1918.
LESSING, Doris: *Die Liebesgeschichte der Jane Somers.* Stuttgart 1986.
LÉVI-STRAUSS, Claude: *Die elementaren Strukturen der Verwandtschaft.* Frankfurt/M. 1981.
LINCKE, Werner: *Das Stiefmuttermotiv im Märchen germanischer Völker.* Berlin 1933.
MEHDEN, Heilwig von der: *Verwandte sind gar nicht so.* In: Krämer Elisabeth/Konrad Federer (Hrsg.): Wenn du noch eine Tante hast – Beiträge zu einer Tanthologie. Zürich 1979.
MEYSENBUG, Malwida von: *Memoiren einer Idealistin.* Berlin-Leipzig 1906.
MUSIL, Robert: *Der Mann ohne Eigenschaften.* Hamburg 1953.
NEUKAMP, Ernst: *Tante Anna. Ihre Sprüche, ihr Dorf, und was sie kocht.* Hof o.J.
NEUWIRTH, Barbara (Hrsg.): *Frauen, die sich keine Kinder wünschen. Eine liebevolle Annäherung an die Kinderlosigkeit.* Wien 1988.
N.N.: *Die gute Tante. Plauderei vom Meergreis.* In: Daheim, 46. Jg., 1910.

NIKLISCH, Hans: *Vater unser bestes Stück.* Berlin 1955.
NÖSTLINGER, Christine: *Ein Mann für Mama.* München 1978.
PAHANKA, Agnes Pahanka: *„Ich nahm die Blüten und die Stengeln ...“ Kräutlerin am Schlingenmarkt.* Wien–Köln 1987.
PEREC, Georges: *W oder die Kindheitserinnerung.* Frankfurt/M. 1982.
PETTAZZI, Carlo: *Studien zu Leben und Werk Adornos bis 1938.* In: Text und Kritik. Sonderband Theodor W. Adorno. München 1983.
POLANYI, Michael: *Implizites Wissen.* Frankfurt/M. 1985.
PROUST, Marcel: *In Swanns Welt. Auf der Suche nach der verlorenen Zeit.* Frankfurt/M. 1981.
REICHLE-ZELLER, Liesel: *Frauen in der Familie. In: 450 Jahre Zeller aus Martinszell. Eine Familie lebt durch die Jahrhunderte.* Stuttgart 1988.
ROTH, Eugen: *Das Gespenst.* In: Das Schweizerhäusl und andere Erzählungen. Frankfurt/M.-Hamburg 1966.
ROUSSEAU, Jean-Jacques: *Bekenntnisse.* Berlin 1920. Zit. nach: Ursula Voß (Hrsg.): Kindheiten. Gesammelt aus Lebensberichten. München 1974.
SCHARFE, Martin: *Über „private“ und „öffentliche“ Zeichen und ihren sozialkulturellen Kontext.* In: Konrad Köstlin (Hrsg.): Umgang mit Sachen. Regensburg 1983.
SCHEFFLER, Ursel: *Kati, Dödel und die verrückte Tante Lu.* Freiburg-Basel-Wien 1989.
SCHOPENHAUER, Johanna: *Gabriele.* Vollständige Ausgabe nach den „Sämtlichen Schriften“ (1830/31), München 1985.
SCHUMACHER, Tony: *Was ich als Kind erlebt.* Stuttgart-Leipzig 1901.
SCOTT-MONCRIEFF, Ann: *Die unmögliche Tante.* Bindlach 1989.
SEDWICK, Catharine Maria: *Alte Jungfern.* In: Susan Koppelman (Hrsg.): Alte Jungfern. Reinbek 1988.
SEGALEN, Martine Segalen: *Die Familie. Geschichte, Soziologie, Anthropologie.* Frankfurt/M.-New York 1990.
SIMMEL, Georg: *Exkurs über den Fremden.* In: Soziologie. Untersuchungen über die Formen der Vergesellschaftung. München-Leipzig 1922.
THOMA, Hans: *Erinnerungen des Lebens.* Jena 1919.
THOMA, Ludwig: *Erinnerungen.* München 1831.
TORBERG, Friedrich: *Die Tante Jolesch oder Der Untergang des Abendlandes in Anekdoten.* München 1977.

TWAIN, Mark: *Tom Sawyers Abenteuer.* München 1988.
UNAMUNO, Miguel de: *Tante Tula.* Frankfurt/M.-Berlin-Wien 1982.
VEGESACK, Siegfried v.: *Die Welt war voller Tanten.* Heilbronn 1987.
VINE, Barbara (=Ruth Rendell): *Die im Dunkeln sieht man doch.* Zürich 1988.
WABERER, Keto von: *Blaue Wasser für eine Schlacht.* Köln 1987.
WALTHER, Lina: *Tante Jettchen. Ein Lebensbild.* Gotha 1882.
WIESINGER: *Epistel an die Tanten.* In: Journal des Luxus und der Moden. 1788.

DIE TANTEN IN DEN UNTERSCHIEDLICHEN FUNKTIONEN – EINE LISTE BEKANNTER, GELIEBTER UND VERHASSTER TANTEN

fremd und sicher
- Elizabeth Goudge – Tante Mary
- Eugen Roth – Tante Sabine
- James Krüss – Tante Julie
- Marlen Haushofer – Tante Emma
- Adolf Ermann – Tante Rachel
- Siegfried von Vegesack – Tante Sonny
- Bogumil Goltz – Eine Urgroßtante
- Monika Hunnius – Tante Cessi
- Robert Bosse – Tante Bornemann und Tante Sobbe
- Marcel Proust – Tante Léonie

so wie sie
- Ilse Gräfin von Bredow – Tante Aimée
- Christine Nöstlinger – Tante Irmela
- Keto von Waberer – Tante Paula
- Doris Lessing – Tante Jane
- Ruth Rendell – Tante Helene
- Angelica Garnett – Tante Virginia
- Marie Gallison – Meine Tante

anstelle von
- Mark Twain – Tante Polly
- Augustus I.C. Hare – Tante Mary
- Lily Braun – Tante Klothilde
- Felix Eberty – Tante Hanne
- Hans Niklisch – Tante Flora
- Walter Benjamin – Tante Lehmann
- Julius R. Haarhaus – Tante auf der Diekerstraße

– Robert Musil – Tante Jane
– Friedrich Torberg – Tante Jolesch

mit ihr
– Karl Gerok – Tante Hannele
– Lina Walther – Tante Jettchen
– Gisela Natalia Gradner – Tante Lydia
– Helene Adelmann – Tante Pfister
– Friederike Hübner – Tante Maritschel
– Doris Lessing – Tante Jane
– Elisabeth Freundlich – Tante Lotti
– Rainer Horbelt, Sonja Spindler – Tante Lina

REGISTER

Frauen im Spiegel der Geschichte

Frauen-Geschichte(n)
Ein historisches Lesebuch
Herausgegeben von
Brigitte Hellmann
dtv 30627

Maria-Milagros Rivera Garretas
Orte und Worte von Frauen
Eine Spurensuche im Mittelalter · dtv 4714

Klassische philosophische Texte von Frauen
Herausgegeben von
Ruth Hagengruber
dtv 30652

Margaret L. King
Frauen in der Renaissance
dtv 30667

Gertrud Lehnert
Wenn Frauen Männerkleider tragen
Geschlecht und Maskerade in Literatur und Geschichte
dtv 30643

Gerda Lerner
Die Entstehung des feministischen Bewußtseins
Vom Mittelalter bis zur ersten Frauenbewegung
dtv 30642

Gerda Lerner
Die Entstehung des Patriarchats
dtv 4710

Reine Männersache?
Frauen in Männerdomänen der antiken Welt
Herausgegeben von
Maria H. Dettenhofer
dtv 4689

Eva Weissweiler
Komponistinnen vom Mittelalter bis zur Gegenwart
Eine Kultur- und Wirkungsgeschichte in Biographien und Werkbeispielen
dtv 30726

Frauen, die Geschichte machten

Régine Pernoud
Königin der Troubadoure
Eleonore von Aquitanien
dtv 30042
Herrscherin in bewegter Zeit
Blanca von Kastilien, Königin von Frankreich
dtv 30359
Heloise und Abaelard
Ein Frauenschicksal im Mittelalter
dtv 30394
Christine de Pizan
Das Leben einer außergewöhnlichen Frau und Schriftstellerin im Mittelalter
dtv 30631

Jean Markale
Isabeau de Bavière
Biographie
dtv 30633

Gertrud Fussenegger
Maria Theresia
dtv 30419

Isabel de Madariaga
Katharina die Große
Das Leben der russischen Kaiserin · dtv 30562

André Maurois
Das Leben der George Sand
dtv 30456

Jutta Rebmann
Fanny Mendelssohn
Biographischer Roman
dtv 20081

Elizabeth Gaskell
Das Leben der Charlotte Brontë
dtv 20048

Eva Weissweiler
Clara Schumann
Eine Biographie
dtv 30334

Françoise Giroud
Das Leben der Jenny Marx
Biographie · dtv 30632

dtv